하나님이 말씀하실 때

When God Speaks
copyright ⓒ 2005 Chuck D. Pierce and Rebecca Wagner Sytsema.
published in English by Regal Books from Gospel Light Ventura, California, 93006, USA
All rights reserved.
Korean Translation copyright ⓒ 2006 by Shekinah Publications

이 책의 한국어판 저작권은 쉐키나 출판사에 있습니다.
저작권법에 의하여 한국에서 보호받는 저작물이므로 무단전재와 무단복제를 금합니다.

하나님이 말씀하실 때

지은이 | 척 피어스 · 레베카 와그너 시세마
옮긴이 | 영동제일교회 편집부
펴낸이 | 김혜자

초판 1쇄 펴낸 날 · 2006년 11월 25일

등록번호 | 제16-2825호
등록일자 | 2002년 10월
발행처 | 쉐키나 출판사
주소 | 서울시 강남구 대치3동 982-10
전화 | (02) 3452-0442
www.ydfcmall.com
www.tofdavid.com

ISBN : 89-92358-03-2

※ 잘못된 책은 바꿔 드립니다.
※ 책값은 뒷표지에 있습니다.

쉐키나 미디어는 영적 부흥과 영혼의 추수를 위해 책, CD, TAPE, 영상물 등의 매체를 통해
하나님 나라가 7대 영역(가정 · 사업 · 정부 · 교육 · 미디어 · 예술 · 도시)으로 확장되는 비전으로 나아가고 있습니다.

WHEN GOD SPEAKS

하나님이 말씀하실 때

꿈과 비전, 표적과 기사를 어떻게 해석할 것인가?

척 피어스 · 레베카 와그너 시세마 지음 / 영동제일교회 편집부 옮김

이 책에 대한 찬사

척 피어스는 『하나님이 말씀하실 때』라는 책 속에 계시적 진리가 가득 차 있는 빛나는 보석을 제시했다. 이 책은 예언적 자료들이 축적된 탁월한 작품이기에, 하나님의 즉각 조치가 지속적으로 이어질 수 있게 해 줄 것이다. 『하나님이 말씀하실 때』는 하나님의 음성을 듣는 여러 책 중에서 가장 명확한 해설서이다.

- 제임스 골
'Encounters Network' 대표, 『선견자』(The Seer),
『The Lost Art of Intercession』,
『The Beginner's Guide to Hearing God』의 저자

우리는 오늘날 비판의 시대에 살고 있기 때문에, 그리스도인이 하나님의 음성을 듣는 법을 배우는 것은 이전보다 더욱 중요하다. 『하나님이 말씀하실 때』에서 척 피어스는 자녀들과 대화를 나누는 하나님을 명확하게 체험할 수 있게 해 주고 있으며, 하나님이 말씀

하시는 독특하고도 다양한 방법을 우리가 붙잡을 수 있도록 도와주고 있다. 이 책은 잘 갖추어진 지침서로써 모든 그리스도인들의 영적인 자산이 되리라 확신한다.

— 제인 해몬/ C.I. 사역, 『Dreams and Visions』의 저자

하나님과 소통하는 기도의 체험은 예전보다 더 많이 행해지고 있다. 하나님이 우리에게 말씀을 하고 싶어하실 때마다 우리가 그 음성을 명확하게 듣는 것은 매우 중요하다. 척 피어스와 레베카 와그너 시트세마가 공저한 『하나님이 말씀하실 때』는 하나님의 음성을 듣게 해 주는 가장 훌륭한 지침서이다.

— 피터 와그너/ '와그너 리더십 연구소'(WLI) 총장

서문

하나님의 음성을 듣는 것은 사람들이 생각하는 것만큼 그렇게 어려운 것은 아니다. 나는 많은 하나님의 사람들이 하나님의 음성을 듣고 있음에도, 그것이 하나님의 음성이라는 것을 인식하지 못하고 있다는 것을 알았다. 인식한다는 것은 확립하고, 느끼고, 이해하고, 마음속으로 간직하고, 인정하고, 준수하는 것을 의미하며 또한 구별된 어떤 것을 알아차리고 깨닫는 것이다. 우리는 하나님의 음성을 인식하는 것을 배워야 한다. 그리고 그렇게 함으로써 우리는 우리의 삶을 향하신 하나님의 뜻을 이해할 수 있다. 구별된 하나님의 음성이 현실이 될 때까지, 우리가 하나님의 음성에 따라 행동하는 것은 성공적인 크리스천의 삶을 사는 열쇠이다.

신실하신 하나님과 대화하는 것은 당신이 하나님께 말하는 것이고 하나님이 당신에게 말씀하시는 것은 땅 위에 사는 우리들이 가진 최고의 특권이다. 나의 삶은 단지 나 자신뿐만 아니라 다른 사람들을 위하여 주님의 음성을 듣는 그러한 삶이 되었다. 나의 최대의 희망은 사람들이 하나님의 음성을 듣고, 하나님의 말씀을 가슴 깊이 간직하고, 그리고 하나님이 그들을 충족시켜 주는 것이다.

　나는 이 책이, 예언과 계시를 통하여 하나님의 음성을 듣는 원리를 깨닫게 해 주고, 예언적 언어를 어떻게 헤아리고 평가하는지를 가르쳐 주며, 그리고 하나님이 당신에게 말씀하신 것을 어떻게 행해야 하는지 알기를 기도드린다. 이 책을 통해서, 하나님의 음성을 듣고 당신의 삶이 풍성하게 되기를 간절히 기도드린다!

척 피어스(Chuck D. Pierce) 목사

목차

이 책에 대한 찬사

서문

1장   하나님의 음성을 들으라   ● 11
2장   하나님의 말씀을 전하라   ● 29
3장   주님의 말씀을 받으라   ● 65
4장   계시의 삶을 살라   ● 89
5장   꿈과 환상을 통하여 하나님의 음성을 들으라   ● 113
6장   꿈과 환상에 대한 해석   ● 131
7장   내가 내 말을 지켜 그대로 이루려함이니라   ● 157

부록   꿈을 어떻게 해석할 것인가   ● 173

추천도서
미주

WHEN GOD SPEAKS

CHAPTER 1

하나님의 음성을 들으라

하나님이 이르시되 우리의 형상을 따라 우리의 모양대로
우리가 사람을 만들고 그들로 바다의 물고기와 하늘의 새와 가축과
온 땅과 땅에 기는 모든 것을 다스리게 하자 하시고
하나님이 자기 형상 곧 하나님의 형상대로 사람을 창조하시되
남자와 여자를 창조하시고 하나님이 그들에게 복을 주시며
하나님이 그들에게 이르시되 생육하고 번성하여 땅에 충만하라,
땅을 정복하라, 바다의 물고기와 하늘의 새와
땅에 움직이는 모든 생물을 다스리라 하시니라

창세기 1:26-28

Hear Him!

태초부터, 인류는 하나님과 대화하도록 창조되었다. 하나님은 우리를 영과 혼·육으로 창조하셨기에, 우리는 다른 창조물들과는 다른 가치를 가지고 있다. 우리는 영적인 존재로 창조되었다. 우리 인간의 영은 우리의 지능과 지각을 개발할 수 있게 하고, 도덕적인 결정을 하도록 한다. 그래서 인간은 땅 위에 있는 모든 다른 창조물보다 뛰어나며 모든 것들을 지배한다. 이러한 본질인 가치는 우리가 소명을 깨닫고 우리의 존재 의의를 탐구하게 할 뿐만 아니라, 창조주에 대하여 알게 한다.

이와 같이 우리는 구별되게 창조되었기에, 다른 창조물들이 갖지 않은 책임과 의무를 가지고 있다. 우리는 하나님이 주신 능력과 재능으로 충직한 청지기가 되어야 한다. 우리가 책임과 의무를 다하는 충직한 청지기가 되기 위한 유일한 방법은 하나님을 찾고, 하나님과 대화하고, 그리고 우리를 풍족하게 할 수 있는 계시를 얻는 것이다. 우리가 하나님의 이러한 계시에 순종할 때, 하나님을 기쁘시게 할 수 있다.

우리는 날마다 하나님과 대화하도록 창조되었다

영은 우리 인간에게 있어서 가장 중요하다. 우리가 영적인 세계와 교류하는 것은 바로 이러한 영을 통해서다. 우리 인간의 영을 개방하고, 그리고 성령이 오시어 거하시게 할 때, 우리의 창조주와 신성한 연합을 이룬다. 땅 위에서 하나님의 뜻을 성취하기 위하여 필요한 계시를 성령이 우리에게 주시는 것도 우리의 영을 통해서다. 이러한 것들은 계속적으로 반복되는 과정이기 때문에, 우리는 매일매일 하나님을 추구함으로써 하나님이 우리와 대화하실 것을 기대해야 한다. 하나님은 우리가 그분에게 다가가서 우리의 삶을 향하신 그분의 마음과 놀라운 계획을 알 수 있기를 열망하신다.

추구한다는 것은 희망하는 것을 찾을 때까지 끊임없이 구하고, 진지하게 찾는 것이다. 시편 27장 4절에서 8절은 다음과 같이 기록하고 있다.

내가 여호와께 바라는 한 가지 일 그것을 구하리니 곧 내가 내 평생에 여호와의 집에 살면서 여호와의 아름다움을 바라보며 그의 성전에서 사모하는 그것이라 여호와께서 환난 날에 나를 그의 초막 속에 비밀히 지키시고 그의 장막 은밀한 곳에 나를 숨기시며 높은 바위 위에 두시리로다 이제 내 머리가 나를 둘러싼 내 원수 위에 들리리니 내가 그의 장막에서 즐거운 제사를 드리겠고 노래하며 여호와를 찬송하리로다 여호와여 내가 소리 내어 부르짖을 때에 들으시고 또한 나를 긍휼히 여기사 응답하소서 너희는 내 얼굴을 찾으라 하실 때에 내가 마음으로 주께 말하되 여호와여 내가 주의 얼굴을 찾으리이다 하였나이다.

다윗은 하나님의 마음과 전략을 얻을 때까지 기꺼이 하나님 앞에 나아가 간구했기 때문에, 하나님을 향한 신실한 마음을 가진 사람으로 알려져 있다. 이것은 또한 예수님이 다음과 같이 말씀하신 이유이다. "그런즉 너희는 먼저 그의 나라와 그의 의를 구하라 그리하면 이 모든 것을 너희에게 더하시리라"(마 6:33).

모세는 우리가 왜 하루하루에 기초하여 하나님을 추구해야 하는가에 대한 훌륭한 예를 보여 준다. 출애굽기 29장에서 우리는 매일매일 두 번의 봉헌을 통하여 계시를 받는 모세를 볼 수 있다. 하나님께 봉헌하고 하나님과 대화함으로써 하루가 시작되고 하루가 마감된다. 42절은 또한 다음과 같이 기록되어 있다. "이는 너희가 대대로 여호와 앞 회막 문에서 늘 드릴 번제라 **내가 거기서 너희와 만나고 네게**

말하리라." 이 얼마나 우리가 본받아야 할 자세인가! 만약 우리가 매일매일 하나님 앞에 나아간다면, 하나님은 우리와 만날 것이고 우리와 연합할 것이며 우리에게 말씀하실 것이다. 하나님은 우리가 하나님 앞에 나아가도록 우리를 예비하시며, 우리는 그분의 임재를 느끼기 시작할 것이다. 우리는 하나님이 우리와 같이 하고 계시다는 확신을 가질 것이다. 그분은 우리의 적들에 대항하여 일어나실 것이다. "그들은 내가 그들의 하나님 여호와로서…… 그들을 애굽 땅에서 인도하여 낸 줄을 알리라……"(46절). 우리는 그분이 우리를 안전하게 지키시고, 악에서 구하시며, 우리의 삶을 위하여 가지신 모든 약속과 운명으로 이끄시는 하나님이시라는 것을 알게 될 것이다.

하나님은 말씀하신다

내가 여덟 살 때, 나는 하나님이 살아 계시면서 실제적으로 사람들에게 말씀하고 계시다는 것을 처음으로 알았다. 신실하신 나의 할머니는 우리가 살았던 동부 텍사스의 작은 침례교회로 나를 데려가시곤 했다. 그 교회에는 매우 독특한 행동을 하는 그림스 아주머니가 계셨는데, 그녀는 종종 예배 중에 일어서서 손을 흔들곤 했다. 침례교회에서 이러한 행동은 좀처럼 볼 수 없는 것이므로 그림스 아주머니가 이러한 행동을 할 때마다 목사님은 설교를 멈추고 무슨 일이냐고 물으시곤 했다. 그럴 때마다 그림스 아주머니는 "주님이 지금 나에게 말씀하시고 계세요!"라고 대답했으며, 그러면 목사님은 "우리에게 그분이 말씀하시는 것을 들려주세요."라고 요청하곤 했다. 그림스 아주머니는 하나님의 영으로부터 그녀가 들은 것을 우리에게 말하기 시작했고 그럴 때마다 교인들은 모두 감동을 받곤 했다.

나는 하나님이 실제로 사람들에게 말씀하실 수 있다는 것에 완전히 매료되었다. 목사님이 하나님에 관하여 이야기할 때는 지루하고 따분하게 들렸지만, 그림스 아주머니가 하나님의 말씀을 전할 때는 생생하고 활력이 넘쳤다. 나는 할머니를 올려다보며, "만약 하나님이 저 아주머니에게 말씀하셨다면, 하나님이 저에게도 말씀을 해주셨으면 좋겠어요."라고 말하곤 했다. 그러면 할머니는 여덟 살 된 개구쟁이 소년인 나를 내려다보시며 말씀하셨다. "너는 침묵하는 것을 배우게 될 거다. 그리고 조용히 앉아서 하나님이 너에게 무언가 하시는 말씀을 듣게 될 거야!"

나의 구원의 날

그때부터 나는 하나님이 말씀하고 계시다는 것을 조금도 의심하지 않았다. 나는 하나님의 음성을 그림스 아주머니를 통해, 그리고 주일학교의 성경 이야기를 통해 들었다. 그렇지만 여전히 나는 하나님이 직접적으로 나에게 말씀하시는 것은 듣지 못하였다. 내가 11세가 된 어느 주일 예배 중에, 주님의 영이 나에게로 오셨다. 그리고 분명하게 말씀하셨다. "오늘이 바로 너의 날이란다." 나는 마치 하나님의 영을 따라 제단까지 올라간 듯했고, 11세 소년이 할 수 있는 최선의 삶을 하나님께 드린 것 같았다.

그 이후에 나는 성경을 계속 공부하면서, 하나님이 우리들 각자의 구원의 날을 가지고 계시다는 것을 명백하게 알게 되었다(고후 6:2 참조). 우리 모두는 우리의 영에게 말씀하시는 하나님의 음성을 따라 구원의 날에 이른다. 그날은 우리 안에 있는 죄가 사망에 이르는 날이다. 우리가 하나님의 음성에 반응하고, 하나님이 우리의 어두운 영에 진리의 빛을 비추도록 허용하실 때, 우리는 구원의 날로 나아간다. 사실, 우리 모두는 우리를 부르시는 하나님의 음성으로 인하여 구원받았다. 비록 귀로 들리는 하나님의 음성을 듣지 못하였다 하더라도, 오직 구원의 진리를 비추시는 하나님으로 인하여, 구원의 체험을 하고 예수님이 우리의 구세주이며 주님이라는 것을 알고 있는 우리 모두는, 하나님의 음성을 들었다. 우리에게 하나님의 말씀이 살아 있는 것으로 일깨우는 것도 바로 이러한 음성이다. 우리가 성경의 진리를 깨달을 때마다, 우리는 동일하게 하나님의 음성을 듣고 있는 것이다.

"내가 갚아 줄 것이다"

비록 내가 그렇게 구원을 받았지만, 나는 거칠고 험한 소년시절을 보냈다. 우리 가족은 사업의 실패로 큰 손실을 보았고 고통을 받고 있었다. 아버지의 삶에 들이닥친 적의 침입으로 인하여, 우리 가족들 대부분은 뿔뿔이 흩어졌다. 그 때문에 아버지는 내가 16세일 때, 비극적인 환경에서 돌아가셨다. 내가 18세가 되던 무렵, 나의 몸은 일과 학업, 그리고 지나친 밤 생활로 인하여 쇠약해지기 시작했다.

결국, 양쪽 폐렴과 탈진으로 병원에 입원을 하였다. 그리고 바로 그때, 내가 병원에 있을 때에, 하나님은 나에게 생생한 목소리로 명확하게 말씀을 하셨다. "네가 잃은 것들을 내가 모두 갚아 줄 것이다." 그 말씀과 함께, 하나님은 나의 모든 삶에 간섭하셨다. 비록 내가 전에는 의심하였지만, 나는 그때에 비로소 하나님이 과거의 상처를 치유하시고 회복하게 할 계획을 가지고 계시다는 것을, 그리고 나의 미래에 대한 계획 또한 가지고 계시다는 것을 **알게** 되었다.

나는 전에 회복이란 개념을 성경에서 본 적이 없었다. 그러나 내가 좀더 깊이 있게 성경을 읽어감에 따라, 나는 하나님의 음성이 회복의 능력을 가지고 있다는 것을 알았다(욜 2:25 참조). 나의 모든 삶이 그 순간부터 변화되었다. 그리고 그때부터, 하나님은 기적적인 방식으로 나를 치유하시고, 구원하시고, 회복시키셨다.[1)]

> **하나님의 음성은 과거의 파멸로부터**
> **우리를 끌어 올리시고 하나님이 이미 우리를**
> **위하여 예비하신 삶을 살게 하시는**

위대한 권능을 가지고 있다.

하나님의 음성은, 과거의 파멸로부터 우리를 끌어 올리시고 하나님이 이미 우리를 위하여 예비하신 삶을 살게 하시는 위대한 권능을 가지고 있다. 나는 이것을 수년전 바로 그날에 깨달았다.

당신의 간증은 능력이 있다

이 책을 읽어감에 따라, 당신의 삶 속에 들려 온 하나님의 음성에 대하여 깊이 있게 생각해 볼 좋은 계기를 가질 수 있을 것이다. 당신은 어떻게 구원을 받았는가? 하나님이 어떻게 당신의 삶과 환경에 초자연적인 영향력을 발휘하셨는가? 당신은 간증을 기록하기 원할지도 모른다. 간증을 기록해야 하는 이유는 당신의 간증 하나하나의 단어마다 거대한 능력이 있기 때문이다. 간증은 그 어떤 것도 할 수 없는 신앙의 성숙을 가져온다.

우리의 간증은 영적 성장의 중요한 기능을 한다. 언약의 궤를 생각해 보라. 몇 개의 물건이 궤에 있는데, 그것들 중의 하나는 하나님이 모세에게 주신 '계명'이다. 우리가 말씀을 통하여 하나님과 대화할 때, 우리는 계명과 원칙을 우리의 마음 깊이 간직하고, 하나님과의 언약을 정립한다. 이러한 계명과 원칙에 순종하고 하나님의 신실하심을 경험할 때, 우리는 우리의 적인 마귀에게 대적하는 강력한 힘을 가진 간증을 갖게 된다. 일단 우리가 몸소 체험한 간증을 가지면, "하나님이 나에게 이러한 것들을 말씀하셨다. 나는 과거로부터 하나님이 역사하심을 보아왔기 때문에, 지금도 동일하게 역사하시리라는 것을 믿는다. 또한 나는 그분에게는 그 어떤 것도 불가능하지 않다는 것을 알고 있다!"라고 말함으로써 마귀의 거짓말에 반박할 수 있다.

요한계시록 12장 10절에는 "내가 또 들으니 하늘에 큰 음성이 있어 이르되 이제 우리 하나님의 구원과 능력과 나라와 또 그의 그리스도의 권세가 나타났으니 우리 형제들을 참소하던 자 곧 우리 하나님 앞에서 밤낮 참소하던 자가 쫓겨났고"라고 기록하고 있다. 이처럼 적은 우리의 간증의 능력과 함께하는 하나님의 음성에 저항할 수 없다.

하나님의 음성은 창조적인 능력이다

창세기의 창조 과정에, 우리는 하나님이 계속하여 사용하신 창조의 도구가 그분의 음성이라는 것을 알 수 있다. 하나님이 혼돈에 **말씀하시니** 빛이 생겨났다. 그분이 다시 **말씀하시니** 빛이 어둠으로부터 나누어져 낮과 밤이 창조되었다. 그분의 음성의 능력은 하늘과 땅을 창조하시고, 땅과 바다에 가득한 수많은 생명을 창조하셨다.

하나님의 음성은 매우 강력하여서 물체의 본질을 나눌 수 있다. 그분의 음성의 능력으로부터, 물체의 본질이 다른 형태로 만들어질 수 있다. 하나님은 창조적인 음성으로 땅을 만드시고, 인간을 만드셨다. 그렇기 때문에, 우리의 존재는 그분의 창조적인 음성의 산물이다.

예수님은 말씀하신다

예수님은 인류를 구원하시기 위하여, 그리고 하나님의 완전한 성품을 우리에게 보이시기 위하여 인간의 형상으로 이 땅에 오신 하나님이시다. 이러한 성품의 중요한 부분이 그분의 음성의 능력이다. 예수님이 말씀하실 때, 모든 것이 이루어진다. 예수님의 공생애는 요한복음 2장에서 보는 바와 같이 예수님과 예수님의 어머니가 혼례에 참석함으로써 시작되었다. 혼례식장에서 포도주가 부족하게 되었을 때, 마리아는 하인들에게 다음과 같이 말씀하신다. "너희에게 무슨 말씀을 하시든지 그대로 하라"(요 2:5). 물을 포도주로 변화시킨 것이 바로 예수님의 창조적인 음성(인간인 동시에 하나님으로서의 예수님을 통한 창조적인 하나님의 음성)이다.

예수님이 말씀을 하실 때마다, 그분은 거대한 권능을 가져오신다. 그분이 나사로를 죽음으로부터 일으키실 때, 예수님은 나사로를 감싸고 있는 수의를 향해 "나사로를 풀어 놓아 다니게 하라"고 명령하셨다. 예수님의 명령으로 인하여, 나사로에게 다시 생명력이 흘러넘치기 시작했다(요 11:43 참조). 그의 음성은 매우 강력하시어 죽음과 부패마저도 깨뜨리고 파괴하셨다.

성령은 우리에게 그리고 우리를 통하여 말씀하신다

요한복음 20장에는 성령이 임해지는 장면이 묘사되어 있다. 예수님은 이미 십자가에 못 박히시고, 죽으시고, 죽음으로부터 부활하셨지만, 아직 승천하시지는 않으셨다. 예수님은 이제 하늘에 계신 아버지께로 돌아가야 하기 때문에, 그분의 제자들이 땅 위에서 임무를 달성할 수 있도록 능력으로 무장시켜야 한다는 것을 알고 계셨다. 요한복음 20장 22절에는 다음과 같이 기록되어 있다. "그들을 향하사 숨을 내쉬며 이르시되 성령을 받으라".

성령이 제자들에게 임하시고, 계속적으로 그들**에게** 그리고 그들을 **통하여** 말씀하시기 시작했다. 성령이 베드로에게 고넬료의 집으로 가도록 말씀하신 것과 같이, 성령은 여러 번 제자들에게 말씀하셨다(행 10 참조). 그리고 성령이 계속하여 제자들을 **통하여** 말씀하심에 따라, 예언은 완전히 새로운 방식으로 나타났다. 사도행전의 스데반에 대한 기록에서, "스데반이 지혜와 성령으로 말함을 그들이 능히 당하지 못하여"(행 6:10) 성령이 스데반을 **통하여** 말씀하시는 것을 볼 수 있다.

성경으로 말씀하신다

우리에게 말씀하시는 성부 성자 성령의 삼위일체 세 분 이외에, 하나님은 또한 성경을 통하여 우리에게 말씀하신다. 하나님은 여호수아에게 다음과 같이 말씀하셨다.

오직 강하고 극히 담대하여 나의 종 모세가 네게 명령한 그 율법을 다 지켜 행하고 우로나 좌로나 치우치지 말라 그리하면 어디로 가든지 형통하리니 이 율법책을 네 입에서 떠나지 말게 하며 주야로 그것을 묵상하여 그 안에 기록된 대로 다 지켜 행하라 그리하면 네 길이 평탄하게 될 것이며 네가 형통하리라 (수 1:7-8).

요한복음 1장 14절에는 다음과 같이 기록하고 있다. "말씀이 육신이 되어 우리 가운데 거하시매 우리가 그의 영광을 보니 아버지의 독생자의 영광이요 은혜와 진리가 충만하더라." 이 성경구절은 예수님과 하나님의 독특하고 사랑이 넘치는 관계와 우리가 말씀을 통하여 그러한 관계를 어떻게 이해해야 하는가를 설명하고 있다. 말씀을 묵상함으로써, 우리는 우리의 삶을 향하신 하나님의 뜻을 계속 생각하고 또 생각한다. 말씀을 묵상함으로써, 우리는 모든 산만함을 제거하고, 오직 하나님과 우리 자신만의 시간을 갖는다. 하나님의 말씀은 우리의 인생에 빛이 된다. 우리가 기도를 드리고 하나님과 대화함에 따라, 하나님의 말씀은 우리의 발길을 인도하신다. 하나님의 진리와 원칙은 우리를 올바른 길로 안내한다. 하나님의 말씀을 이해함으로써, 우리는 하나님을 알고 하나님의 음성과 하나님이 땅 위에서 어떻게 역사하시는지를 인식할 수 있다. 말씀은 하늘 나라의 청사진이며, 우리의 삶의 청사진이다. "성경에 일렀으되 오늘 너희가 그의 음성을 듣거든 격노하시게 하던 것 같이 너희 마음을 완고하게 하지 말라 하였으니"(히 3:15).

우리 삶 속의 하나님의 음성

삼위일체의 세 분은 모두 말씀을 통하여 강력하게 역사하신다. 하나님의 음성은 오늘날에도 우리의 삶 속에서 일어나는 모든 상황 속에서 계속하여 창조적이며 강력한 권위를 갖는다. 하늘과 땅이 하나였던 혼돈의 때와 같이 우리의 삶이 혼란스러울 때마다, 하나님의 음성은 들려주고 질서를 잡으시고 빛과 어둠을 갈라 놓으신다.

더욱이, 하나님은 종종 우리가 인식할 수 있는 것보다 더욱 많은 것을 우리에게 말씀하신다. 구약 성서와 신약 성서에 걸쳐, 하나님은 하나님의 사람들에게 매우 자주 말씀하셨다. 하나님은 왕들에게, 사사들에게, 선지자들에게, 목자들에게, 그리고 제자들에게 말씀하셨다. 하나님은 노인과 젊은이에게 똑같이 말씀하셨다. 하나님은 높은 권위에 있는 자들에게 그리고 비천한 자리에 있는 사람들에게도 말씀하셨다. 하나님은 의인에게도 그리고 죄인에게도 말씀하셨다. 창세기에서 요한계시록에 이르기까지, 하나님은 모든 종류의 사람들에게 말씀하셨다.

성경의 마지막 단어가 씌어지기까지, 하나님이 말씀하시기를 멈추셨다는 성경 구절은 전혀 찾아볼 수 없다. 모든 세대를 통하여, 하나님은 계속하여 하나님의 사람들에게 말씀을 해 오셨다. 만약 당신이 예수님을 당신의 구세주이며 주님으로 받아들였다면, 이것은 당신에게도 적용된다. 하나님은 오늘날에도 하나님의 사람들에게 방향을 정해 주시고, 위로하시고, 안목을 갖게 하시며, 올바로 잡아주시며, 권고하시고, 약속하신다. "귀 있는 자는 성령이 교회들에게 하시는 말씀을 들을지어다 이기는 그에게는 내가 하나님의 낙원에 있는 생명나무의 열매를 주어 먹게 하리라"(계 2:7).

예수님의 피가 우리의 죄를 씻어 주셨기 때문에, 오늘날 성령이 우리를 하나님의 마음속으로 고정시켜 주고 계신다. 여기서 더 나아가, 성령은 우리**에게** 말씀하실 뿐만 아니라 우리를 **통하여** 말씀하신다. 하나님이 우리를 그분의 창조적인 음성으로 만드실 때, 하나님의 형상으로 하나님의 모습을 따라 만드시고, 우리가 땅 위의 모든 생명을 지배하도록 하셨다(창 1:26 참조). 우리가 하나님의 형상을 따라 창조되었고, 그리스도에 의하여 구속되었기에, 우리는 성령의 권능을 통하여 **땅 위에서 하나님의 음성이 되는** 능력을 가지고 있다. 성령은 우리를 **통하여** 우리들 서로서로에게, 그리고 길을 잃고 죽어가는 세상에게 말씀하시고 계신다. 그것은 그리스도의 대리인이 되는 것, 그리고 예언에 관한 모든 것을 의미한다.

WHEN GOD SPEAKS

CHAPTER 2

하나님의 말씀을 전하라
―오늘날 말씀의 예언

하나님이 말씀하시기를
말세에 내가 내 영을 모든 육체에 부어 주리니
너희의 자녀들은 예언할 것이요
너희의 젊은이들은 환상을 보고
너희의 늙은이들은 꿈을 꾸리라
사도행전 2:17

Speaking God's Words

오늘날의 예언이란?

미국에서 살고 있는 대부분의 그리스도인들은, 오늘날에는 하나님이 우리에게 말씀하시지 않는다고 믿고 있는 그러한 교회에서 자랐다. 우리는 이러한 은사종료론(cessationism)을 배워 왔으며, 이는 치유와 방언과 방언을 해석함, 그리고 기적을 행하는 그 모든 은사의 능력이 1세기에 기능을 멈추었다는 것을 의미한다. 이미 기능을 멈추었다고 생각하는 그러한 은사 중의 하나가 바로 예언이다. 이러한 것들이 근본적으로 의미하는 바는, 주후 95년까지 하나님이 말씀하시고자 하는 모든 것들을 이미 말씀하셨기에 그 이후에는 침묵하고 계시다는 것이다.

이러한 생각을 가진 사람들은, 성경이 완성된 후에 예언은 사라졌다고 믿는다. 그들은 이러한 믿음의 근거를 고린도전서 13장 8절의 "예언도 폐하고 방언도 그치고 지식도 폐하리라"는 말씀에서 찾고 있다. 그러나 계속되는 고린도전서 14장에서, 바울은 우리에게 "예언을 하려고 하라"고 격려하고 있다(고전 14:1 참조). 바울은, 이러한 은사들이 그 어떤 것들로 대치될 것이라고 말하지 않았으며, 또한 예수님이 다시 오시는 날 이전에 은사들이 모두 사라져 버릴 것이라는 말도 하지 않았다.

사실상 에베소서 4장에서 바울은 다음과 같이 말하고 있다.

> 그가 어떤 사람은 사도로, 어떤 사람은 선지자로, 어떤 사람은 복음 전하는 자로, 어떤 사람은 목사와 교사로 삼으셨으니 이는 성도를 온전하게 하여 봉사의 일을 하게 하며 그리스도의 몸을 세우려 하심이라 **우리가 다 하나님의 아들을 믿는 것과 아는 일에 하나가 되어 온전한 사람을 이루어 그리스도의 장성한 분량이 충만한 데까지 이르리니**(엡 11-13).

이 성경 말씀을 통하여, 우리는 우리가 하나가 되어 온전한 사람을 이루어 그리스도의 장성한 분량이 충만한 데에 이르기**까지**, 그러한 은사들이 계속 주어져 온다는 것을 알 수 있다. 교회의 역사를 통해서는, 우리는 이러한 것들을 성취했던 시기를 찾아볼 수 없다. 그렇기 때문에 바울의 말을 근거로 하면, 예언을 포함하여 그러한 은사들이 여전히 오늘날에도 작용하고 있다고 말할 수 있다.

우리가 하나님의 뜻을 어떻게 알 수 있는가?

성경은 하나님이 우리의 삶에 대한 목적과 계획을 가지고 계시다는 것을 명백히 하고 있다. 어떤 성경학자는 1세기에 하나님의 예언이 멈추었다는 것에 동의할 것이다. 그러나 만약 우리에게 말씀하시지 않는 하나님을 우리가 섬기고 있다면, 하나님이 가지신 목적과 계획이 무엇인지 분별하는 것은 어려운 일일 것이다. 많은 사람들이 하나님의 뜻을 알기 위하여 책을 읽기도 하고 설교를 듣기도 한다. 물론 이렇게 하더라도 훌륭한 말씀으로 가득 채워질 수 있다. 그러나 우리의 삶을 향하신 하나님의 뜻을 헤아리는 것에 있어서, 성경은 우리가 따라야 할 진정한 방법을 가르쳐 주고 있다. 그것은 바로 하나님께 간구하는 것이다. 성경을 보면, 사람들이 하나님의 뜻을 알기를 원할 때, 그들은 하나님께 간구했다. 그리고 하나님은 그들에게 말씀하셨다.

우리의 하나님은 끊임없이 새로운 계시를 쏟아 부으시며,
끊임없이 하나님의 사람들에게 말씀하시고 계신다.
그분은 우리와 대화하기를 갈망하실 만큼

우리를 사랑하시는 하나님이시다.

하나님은 하나님의 사람들에게 말씀**하신다**. 그러나 만약 우리가 '하나님은 오늘날에는 말씀**하시지 않는다**' 는 매우 확고한 자세를 견지한다면, 우리는 아마도 하나님의 음성을 단지 상상으로 간주해 버릴 것이다. 그러나 진리는, 예언이 그리스도인의 삶, 혹은 교회에서 특별한 것이 아니라는 것이다. 아모스 3장 7절은 다음과 같이 기록하고 있다. "주 여호와께서는 자기의 비밀을 그 종 선지자들에게 보이지 아니하시고는 결코 행하심이 없으시리라."

성경 전체에 걸쳐서, 하나님은 하나님의 사람들과 대화를 하셨다. 고린도전서 12장에서, 바울은 말하지 않는 우상을 숭배하는 이방인들을 일깨우고 있다. 대화할 수 없는 우상을 숭배하는 것이 그 얼마나 어리석은 일인가?

우리의 하나님은 그러한 말 못하는 우상이 아니시다. 우리의 하나님은 끊임없이 새로운 계시를 쏟아 부으시며, 끊임없이 하나님의 사람들에게 말씀하고 계신다. 그분은 우리와 대화하기를 갈망하실 만큼 우리를 사랑하시는 하나님이시다.

예언이란 무엇인가?

예언의 정의는 간단하다. 예언은 성령에 의하여 나타내시는 하나님의 생각과 마음을 말하는 것이다. 예언은 하나님의 마음과 하나님의 성품이 흘러 넘치는 것이다. 요한계시록 19장 10절은, 예수의 증언이 예언의 영이라고 기록하고 있다. 예수님은 그분의 교회를 돌보심으로 그분의 교회와 대화하기를 원하신다. 그리고 그러한 대화가 성령을 통하여 전달되어진다. 그것이 바로 예언이다. 예언은 예수님이 그분의 교회에 말씀하시는 것이다.

예언인 예수님의 증언은 단지 교회에게만 주어지는 약속이 아니다. 예수님은 그분의 양들이 그분의 음성을 알 것이라고 말씀하셨다(요 10:4 참조). 만약 당신이 그분의 양이라면, 당신은 성령을 통하여 말씀하시는 목자의 음성을 들을 수 있는 능력과 자격, 그리고 특권을 가지고 있는 것이다.

예언자에 대한 이해

몇몇 히브리어 단어와 헬라어 단어들이 성경에서는 '예언자(Prophet)'로 번역될 수 있다. 오늘날 예언이 어떻게 작용하는가를 이해하기 위하여, 성경에 나타난 예언과 예언자에 대한 각기 다른 유형들을 연구할 필요가 있다. 성경이 예언자로 기록한 다양한 명칭과 기능에 대하여 살펴보도록 하자.

1. 나비(Nabi)

이것은 'Prophet'(예언자)를 나타내는 일반적인 히브리어 단어이다. 이는 '드러내다(reveal)'라는 단어와 연결되며 선언하고, 공포하고, 발표하는 사람, 혹은 전달 사항을 전하는 사람을 의미한다. 또한 이것은 대변인 혹은 왕의 사절단을 의미한다. 이 단어는 또한 갑자기 나타난 초자연적 메시지를 의미한다. **나비**(Nabi)는 사무엘상 3장 20절에서 '선지자'로 사용되었다. "단에서부터 브엘세바까지의 온 이스라엘이 사무엘은 여호와의 선지자로 세우심을 입은 줄을 알았더라." 나비는 남성형 혹은 여성형으로도 사용될 수 있고, 하나님의 진정한 예언자 혹은 하나님의 성품이나 뜻에 반하는 메시지를 전달하는 거짓 예언자로도 언급되어질 수 있다.

요한복음 7장 38절에서 예수님은 말씀하신다. "나를 믿는 자는 성경에 이름과 같이 그 배에서 생수의 강이 흘러나오리라 하시니." 바꾸어 말하면, 이것은 "나의 뱃속으로부터, 계시의 강물이 흘러나오다"로 해석된다. 또한 잠언 29장 18절은 다음과 같이 기록하고 있다. "묵시가 없으면 백성이 방자히 행하거니와 율법을 지키는 자는 복이 있느니라." 그렇기 때문에, 우리의 생수의 강이 흘러 넘치게 하거나 혹은 생수의 강이 흘러 넘치는 사람과 같이 함으로써 계시가 멈추지 않게 하고 우리의 방향성을 상실하지 않게 하는 것은 매우 중요한 일이다.

2. 로에(Roeh)

이 히브리어 단어는 'Seer'(선견자)를 의미한다. 이러한 예언자들은 특정한 상황들을 보고, 어떻게 해야 하는가에 대한 계시를 얻는다. 사무엘상 9장 9절에서 이러한 예를 볼 수 있다. "옛적 이스라엘에 사람이 하나님께 가서 물으려 하면 말하기를 선견자에게로 가자 하였으니 지금 선지자라 하는 자를 옛적에는 선견자라 일컬었더라." 관찰자는 환상을 보거나 혹은 시각적 형상을 보는 사람들인데, 아마도 이것은 가장 잘못 이해된 예언적 유형들이다. 이러한 유형의 예언자들은 어떤 특별한 것을 볼 수 있으며, 그 이미지를 통하여 초자연적 메시지를 얻는다. 하나님은 성경에서 많은 예언자들에게 묻고 있다. "네가 무엇을 보았느냐?" 하나님은 우리와 대화하는 방식으로 이러한 방법들을 사용해 오셨다.

3. 호제(Chozeh)

이 히브리어 단어는 'watchman'(파수꾼)의 의미와 유사한 선견자(seer)라는 단어로 번역될 수 있다. 새성경사전(*New Bible Dictionary*)에 따르면, **호제**(Chozeh)는 절대군주제도와 관련하여 가장 많이 언급되었다.[1]

4. 샤마르(Shamar)

'파수꾼'으로 번역된 또 다른 히브리어 단어가 샤마르이다. 더치 쉬츠(Dutch Sheet)는 그의 저서 『파수꾼의 기도』(*Watchman Prayer*)에서 다음과 같이 말하고 있다. "구약 성서에서 파수꾼으로 사용된 세 개의 주된 히브리어 단어는, natsar(나짜르), shamar(샤마르), tsaphah(짜흐짜)이다. 이러한 단어들은 방어 혹은 보호의 의미와 적극적인 공격의 의미를 모두 가지고 있다. 성경에서 가장 두드러지는 측면은 방어적 측면이며…… (중략)…… 그것들은 거의 같은 뜻으로 사용되어지고, 그것들의 방어적 개념은 근본적으로 **숨기고 돌보는 것을 통하여 지키고 보호하는 것**을 의미한다. 수확물, 백성, 도시 등을 대상으로 적용되기 때문에, 그것의 개념은 일반적으로 **보존**(Preservation)이다."[2)]

이러한 예언자들은 하나님의 말씀을 따르고 삶을 통하여 굉장한 지혜를 가지고 있었다. 성경에서 파수꾼에 대한 몇 가지 예를 찾아볼 수 있다. "내가 또 너희 위에 파수꾼을 세웠으니 나팔 소리를 들으라 하나 그들의 대답이 우리는 듣지 않겠노라 하였도다"(렘 6:17). "인자야 내가 너를 이스라엘 족속의 파수꾼으로 세웠으니 너는 내 입의 말을 듣고 나를 대신하여 그들을 깨우치라"(겔 3:17). 파수꾼은 앞으로 발생할 일들을 미리 보고, 그것을 하나님의 말씀과 연계시키며, 말씀이 성취될 때까지 중재 역할을 한다. 열왕기상 18장에서, 엘리야는 아합에게 하나님의 말씀을 전달했다. 3년 하고도 반년 동안 비가 오지 않을 것이라는 내용이었다. 그리고 그 마지막 시점에 엘리야는 하나님의 변화를 나타내는 구름을 '볼 때까지' 중재에 나섰다. 엘리야는 하나님의 뜻을 예언하고 그것이 성취되는 것을 보기 위하여 중재에 나서는 파수꾼으로 행동하고 있다.

5. 나타푸(Nataph)

이 히브리어 단어는 하늘로부터 영감을 받아 말하거나, 혹은 하늘에서 이슬이 내리듯이 강연하는 것을 의미한다. 이러한 유형의 예언은 일반적으로 강단이나 혹은 공공의 장소에서 행하여지며, 권고의 형태로 주어지는 예언적 말씀이다. 'Nataph(나타푸)'라는 단어는 에스겔 21장 2절, 아모스 7장 16절, 그리고 미가 2장 6절에서 사용되었다. 이 단어는 흘러나오는 것, 혹은 수도꼭지에서 물방울이 떨어지는 것과 같이 점진적으로 떨어지는 것을 의미한다. 요엘 3장 18절에서, 예언자는 산이 새로운 포도주를 떨어뜨리는 날이 올 것이라고 예언하고 있다. 이것은 또한 다윗의 장막의 회복과 관련하여 아모스 9장 13절에 예언되어 있다. 다윗의 장막을 회복해감에 따라, 우리는 하늘 문이 점점 더 크게 열리고 계시의 삶을 살아가는 하나님의 사람들을 보기 시작할 것이다. 마침내 우리는 설교단으로부터 진부하고 '형식적인' 메시지를 듣지 않을 것이다. 우리가 공동체로 함께 모일 때, 우리는 하늘에서 내려오는 계시적인 소리를 명백하게 들을 것이다. 이는 과거 세대에 교회가 알지 못하였던 영적인 세계에서 살아가도록 할 것이다.

6. 프로페테스(Prophetes)

이 헬라어 단어는 다른 사람을 대신하여 말하는 사람, 특히 하나님을 대신하여 말하는 사람을 의미한다. 이러한 사람들이 어떤 것을 미리 말하는 예언자이며, 이들은 하나님으로부터의 생생한 메시지를 우리 시대에 미리 전달한다. 이때, 예언자는 미리 예언된 하나님의 뜻과 권고를 해석하는 은사를 함께 사용한다. 이 단어는 또한 예언할 수 있거나 혹은 미래의 일에 대하여 식견을 줄 수 있는 사람을 의미한다. 예언의 은사를 사용하는 이러한 유의 예언자는 마태복음 2장 5절에 언급되어진 예언자이다.

예언의 열쇠—성령!

성령은 하나님의 말씀을 듣는 열쇠이다. 구약과 신약의 성경 전반에 걸쳐 성령이 임할 때마다 예언이 흘러 넘쳤다. 다음은 이러한 몇 가지의 예이다.

> 네게는 여호와의 영이 크게 임하리니 너도 그들과 함께 예언을 하고 변하여 새 사람이 되리라(삼상 10:6).

……하나님의 영이 사울의 전령들에게 임하매 그들도 예언을 한지라 (삼상 19:20).

……영이 임하신 때에 그들이 예언을 하다가……(민 11:25).

바울이 그들에게 안수하매 성령이 그들에게 임하시므로 방언도 하고 예언도 하니(행 19:6).

예언을 통한 성령의 역사하심은 1세기에 끝나지 않았다. 교회사 전반에 걸친 많은 부흥의 역사 속에서, 성령이 능력으로 임할 때마다 예언이 흘러 나왔다. 사실상, 성령의 임재를 확인할 수 있는 방법의 하나가 바로 예언이다. 성령을 통하여 하나님은 그분의 뜻을 이루시고 드러내신다. 하나님은 성령을 통하여 사람들에게 능력을 주시고 그분의 인격적인 모습을 보이신다. 예언은 이러한 과정의 주된 요소이다.

왜 예언이 중요한가?

예언은 중요하다. 왜냐하면, 하나님이 중요하다고 말씀하셨기 때문이다. 이러한 중요한 은사에 대한 하나님의 마음을 이해하는

데 도움이 되는 세 가지의 성경적인 이유가 있다.

1. 우리는 예언을 하려고 힘써야 한다

"사랑을 추구하며 신령한 것들을 사모하되 특별히 예언을 하려고 하라"(고전 14:1). 킹제임스 버전 성경의 39절에는, 우리는 "예언하기를 사모(covet to prophecy)"해야 한다고 말씀하셨다. 당신은 예언이 성경 전체를 통하여 우리가 사모하기로 되어 있는 유일한 것이라는 것을 아는가? 우리가 무엇인가를 사모한다면 무슨 일이 일어날까? 우리는 그것에 대해 계속해서 생각할 것이다. 우리는 사모하는 것 얻기를 소망할 것이다. 우리는 소망을 이루기 위하여 무엇을 해야 할까 끊임없이 생각할 것이다. 그것이 우리가 예언을 하려고 힘써야 하는 이유이다.

요한계시록 2장과 3장은 각기 다른 많은 교회들에게 하시는 예수님의 말씀을 기록하고 있다. 예수님은 다른 권고와 다른 약속과 그리고 다른 메시지를 각각의 일곱 개 교회에 주셨다. 그러나 각각의 교회에 동일하게 주신 예수님의 명령은 "귀 있는 자는 성령이 교회들에게 하시는 말씀을 들을지어다"(계 2:7)이다. 우리는 성령이 말씀하시는 것을 들어야 한다. 우리는 예언을 하려고 힘써야 한다.

2. 하나님은 예언을 금하지 말라고 경고하고 있다

"예언을 멸시하지 말고 범사에 헤아려 좋은 것을 취하고"(살전

5:20-21) 바울이 데살로니가 교회에 편지를 썼을 때, 그들은 이제 막 하나님의 말씀을 알기 시작했지만 아직 성숙되지 않았다. 어떤 것이 초기 단계에 있을 때는 아직 성숙하지 못하고 이해가 부족하여, 종종 깊이 있는 생각을 하지 못한다. 깊이 있는 생각을 하지 못할 때, 귀중한 어떤 것(이 경우는 예언)이 종종 그 가치를 평가받지 못하고 말썽의 소지가 된다. 그러나 바울은 예언을 금하지 말라고 말했다. '성령을 금하지 말라. 예언을 말하게 하라. 모든 것을 헤아려 선한 것을 취하라'고 했다.

성경은 또한 우리에게 방언하기를 금하지 말라고 말한다(고전 14:39 참조). 예언과 방언의 관계는 종종 잘못 이해되기도 한다. 간단히 말하면, 방언이 해석되었을 때 그것은 예언이 된다.

3. 예언은 생명과 하나님의 능력을 가져온다

우리는 1장에서 하나님의 말씀이 창조적인 능력이 있다는 것을 알았다. 에스겔이 마른 뼈들을 보았을 때, 하나님은 마른 뼈에게 예언하라고 말씀하신다.

> 이에 내가 명령을 따라 대언하니 대언할 때에 소리가 나고 움직이며 이 뼈, 저 뼈가 들어 맞아 뼈들이 서로 연결되더라 내가 또 보니 그 뼈에 힘줄이 생기고 살이 오르며 그 위에 가죽이 덮이나 그 속에 생기는 없더라 또 내게 이르시되 인자야 너는 생기를 향하 여 대언하라 생기에게 대언하여 이르기를 주 여호와

께서 이같이 말씀하시기를 생기야 사방에서부터 와서 이 죽음을 당한 자에게 불어서 살아나게 하라 하셨다 하라 이에 내가 그 명령대로 대언하였더니 생기가 그들에게 들어가매 그들이 곧 살아나서 일어나 서는데 극히 큰 군대더라 (겔 37:7-10).

하나님의 예언적 말씀이 발하여졌을 때, 그것은 단지 당신을 계몽하거나 혹은 당신에게 어떤 정보를 주는 것이 아니다. 예언은 생명과 능력을 부여하며 상황 자체를 바꾸어 버리는 것이다.

예언의 은사에 대한 이해

성령은 우리가 땅 위에서 하나님의 목적을 성취하도록 준비시킨다. 이것이 고린도전서 12장에서 14장의 내용이다. 위 말씀의 내용들은 서로서로 분리되어 우리에게 가르침을 주어 왔다. 그러나 말씀은 전체로서 쓰여졌기 때문에 우리에게 어떻게 영적인 은사들이 그리스도의 몸 안에서 작동하는가를 보여 준다. 이러한 성경 말씀을 예언의 은사의 관점에서 전체적으로 보라.

기능과 목적을 가진 각각의 부분들이 전체가 올바르게 작동하도록 도움을 주는 것, 그것이 바로 몸이다. 그리스도의 몸 또한 그렇게 작용한다(고전 12:12-26 참조). 그럼에도, 몸에서 특별히 요구되는 어떤 은사들이 있다. 그것들 중의 하나가 예언이다(고전 12:28-31 참조). 그러한 관점에서, 바울은 즉각적으로 사랑의 중요성과 증거에 대하여 논하고 있다. 그는 계속하여 다음과 같이 말한다. "내가 예언하는 능력이 있어 모든 비밀과 모든 지식을 알고 또 산을 옮길 만한 모든 믿음이 있을지라도 사랑이 없으면 내가 아무 것도 아니요"(고전 13:2).

바울은 계속하여 "사랑을 추구하며 신령한 것들을 사모하되 특별히 예언을 하려고 하라"(고전 14:1)고 말했다. 신실한 예언은 사랑과 분리되어질 수 없다. 사실상, 진실한 예언은 비록 그 말이 징계의 말일지라도, 사랑의 마음으로부터 흘러 나온다. 따라서 예언의 은사에 대한 이해는 근본적으로 사랑에 대한 이해이다.

예언의 다섯 가지 역동적 기능

예언에 대한 근본적인 이해를 돕기 위하여, 고린도전서 14장에 근거하여 예언의 여러 가지 기능들을 살펴보자.

1. 위로

위로한다는 것은 달래고 안심시키고 성원하고 불안과 공포로부터 안도의 감정을 갖게 하고, 걱정과 고민을 덜어 주고 친절하고 사려 깊은 주의를 가지고 희망과 힘을 주는 것을 의미한다.

> 찬송하리로다 그는 우리 주 예수 그리스도의 하나님이시요 자비의 아버지시요 모든 위로의 하나님이시며 우리의 모든 환난 중에서 우리를 위로하사 우리로 하여금 하나님께 받는 위로로써 모든 환난 중에 있는 자들을 능히 위로하게 하시는 이시로다 그리스도의 고난이 우리에게 넘친 것 같이 우리가 받는 위로도 그리스도로 말미암아 넘치는도다(고후 1:3-5).

하나님은 그분의 상처받은 자녀들을 위로하기 원하신다. 하나님은 희망과 힘을 주는 방식으로 그들에게 말씀하기를 원하신다. 이것이 바로, 모든 믿는 사람들이 받아야 하고 다른 사람들에게 전달해야 하는 예언의 근본적인 기능 중의 하나이다. 적절한 시기에 말하여진 예언의 위로하는 말은 낙심과 절망과 분노의 상황들을 변화시킬 수 있다!

2. 교화

교화한다는 것은 가르치고 이롭게 하고 들어올리고 계몽하거나 성장하게 하는 것을 의미한다. 고린도전서 14장은 예언과 교화의 상관 관계, 즉 그리스도인의 성품을 성숙시키는 것으로 채워져 있다. 그러므로 예언적 말씀은 가르침의 요소를 포함하고, 그것은 우리의 마음과 영에 새로운 계시를 가져온다. 예언적 말씀은 황폐하여 폐허 속에 있는 우리의 삶에 특별한 지시를 주거나, 혹은 그것을 헤쳐 나갈 능력을 준다. 이러한 유형의 모든 교화는 예언적 말씀으로부터 주어질 수 있다. 고린도전서 8장 1절은 "교화하기를 사랑하라"고 말하고 있다. 사랑은 예언의 근거이기 때문에, 모든 진정한 예언은 교화의 요소를 갖는다.

3. 권고

권고한다는 것은 촉구하고 충고하고 주의를 주고 훈계하고 명령하고, 혹은 경고하는 것을 의미한다. 그러므로 권고라는 예언적 말씀은 우리를 성장시키기도 하고, 혹은 징계할 수도 있다. 권고는 감당하기가 쉽지 않다. 그것은 우리가 희망하는 위로의 말씀이 아니다. 그렇다고 하더라도, 권고의 말씀은 하나님의 궁극적인 목적을 달성하게 한다는 점에서 매우 중요하다. 올바르게 전달되어진 권고의 말씀은 우리에게 안도와 자유를 느끼게 할 수 있다. 예언은 비난이나 혼란을 주어서는 안 된다. 속박으로부터 벗어날 수 있는 방안이나 방향성을 제시해 주어야 한다.

4. 구속

가장 근본적이고 아름다운 예언의 기능 중 하나는 삶에 작용하는 구속의 기능이다. 성경을 통하여 볼 수 있는 하나님의 마음은 우리를 죄와 사망의 억압으로부터 구속하는 것이다. 예언은 성령의 영감 아래 하나님의 마음을 말하는 것이기 때문에, 논리적 결론은 예언이 구속적이어야 한다는 것이다.

수년 전에, 존이라는 한 젊은이가 나의 훌륭한 친구 신디 제이콥스(Cindy Jacobs)로부터 그러한 말씀을 받았다. 존은 좋은 남편이자 훌륭한 아버지이며, 가족들을 위하여 책임감이 있는 사람이었다. 그는 매주 교회에 참석하고 하나님을 따르는 것에 있어서 최선을 다했다. 그러나 존은 술을 좋아하는 기능적 알코올 중독자였다. 그가 술에 취해 있을 때조차 그의 주위에 있는 사람들은 눈치채지 못했다. 그는 술을 잘 다룰 수 있었기 때문에, 술 없이는 하루도 살 수 없다는 것을 비밀로 할 수 있었다. 게다가, 그는 씹는 담배에 빠져 있었다. 그는 이러한 행동들이 나쁘다는 것을 알고 있었으며, 경건하지 못한 것들을 멀리할 수 있도록 하나님께 간구하고 있었다.

그러던 어느날, 그는 신디가 이끄는 주말 기도회에 참석하게 되었다. 어느 날 밤, 신디가 개인적인 예언의 말씀을 사람들에게 주고 있을 때에, 존은 뒤에서 조용히 앉아 있었다. 그는 하나님이 자신에게는 어떤 말씀도 하지 않으실 것이라고 생각했다. 그러나 놀랍게도, 신디는 존을 지적하고 앞으로 나오라고 했다. 그는 신디에게로 걸어 나왔을 때, 곤경에 빠진 것이 틀림없다고 생각했다. 하나님이 자신을 공개적으로 비난하실 것이라고 생각했다. 그러나 신디가 예언의 말씀을 전달했을 때, 그는 그것을 믿을 수가 없었다. 신디는 하나님이 존에게 종교 지도자의 마음을 주셨다는 것과, 그리고 하나님이 하나님 나라의 영광을 보이시기 위하여 앞으로 존을 어떻게 사용하실지에 대하여 말하였다.

존은 아무 말도 할 수 없었다. 꾸지람의 말씀은 전혀 없었고 그의 비밀스런 생활이 폭로되지도 않았다. 신디는 그의 술과 담배의 중독성보다는 앞으로의 운명에 관하여 예언하였다. 그런데 그 말씀은 매우 강력하여 존은 바로 그날 밤에 술과 담배의 중독으로부터 완전하게 해방되었다. 오늘날, 존은 그의 교회에서 셀 그룹의 리더이자 선교회의 리더로서, 그리고 그가 살고 있는 지역의 도시 발전 위원회의 위원으로서 적극적으로 봉사하고 있다. 그는 하나님이 자신의 결점을 비난하시기보다는 구속의 목적을 보이신 바로 그날 밤이 삶의 전환점이 되었다고 말한다. 이러한 것이 바로 실제적으로 보이신 구속적 예언이다.

5. 지시

성경을 보면, 예언자들이 하나님의 사람들에게 나아갈 방향을 제시한다는 것을 알 수 있다. 나는 이 책의 공동저자 레베카 와그너 시세마(Rebecca Wagner Sytsema)와 오랫 동안 알고 지냈다. 90년대 초에, 우리는 모두 신디 제이콥스의 '중보의 장군들(Generals of Intercession)' 에서 간사로 섬기고 있었다. 그 당시, 레베카는 2년에 걸쳐 삶의 많은 문제에서 강력하게 회복되는 과정을 겪고 있었다. 나는 그 치유 과정을 통하여 하나님이 그녀에게 결혼을 준비시키고 있다는 것을 알았다. 1994년 초에, 우리는 캘리포니아에서 열리는 집회를 준비하고 있었다. 어느 날, 나는 그녀에게 말했다. "당신은 이번 집회에 꼭 참석해야 합니다. 하나님이 그곳에서 당신의 남편을 예비하셨어요."

나의 예언적 말을 듣고, 그녀는 1주일 동안 그 집회에 참석해야 한다는 확실한 느낌을 갖게 되었지만, 아직 호텔을 예약하지 않은 상태였다. 나는 즉시 수화기를 들고 동료들이 묵고 있는 호텔에 전화를 걸었다. 담당 직원이 빈 방이 없다고 말했지만, 나는 단지 레베카의 아버지인 피터 와그너(Peter Wagner) 박사가 그 집회를 책임지고 있다는 것과, 그리고 그녀의 남편이 거기에서 그녀를 기다리고 있을 것이라는 것을 직원에게 말했다. 전화를 받은 직원은 다시 확인을 해 보고 비어 있는 방을 발견했다. 레베카가 하나님이 준비하신 그녀의 완벽한 배우자인 잭 시세마(Jack Sytsema)를 만난 것은 바로 그 집회에서였다. 2년 후에, 나는 그녀의 결혼식을 주관하는 특권을 가졌다. 이는 하나님이 명백한 지시의 말씀을 주시고 그의 예언하신 뜻이 성취되는 것을 보이신 경우이다.

예언의 과정

예언의 기능과 함께 예언의 과정, 즉 그것이 어떻게 계속적으로 우리의 삶에 작용하는가에 대하여 이해하는 것은 매우 중요하다. 여기 우리의 삶에 있어서 예언의 과정에 대한 중요한 세 가지 요소가 있다.

1. 예언은 계속되는 것이다

"우리는 부분적으로 알고 부분적으로 예언하니"(고전 13:9) 개인적인 예언의 말씀이건 혹은 교회나 공동체에 주어지는 예언의 말씀이건, 그 어떤 예언의 말씀도 결코 그 자체로서 그것만으로 완성되어지지 않는다. 『예언적 은사의 개발(Developing Your Prophetic Gifting)』의 저자 그래함 쿡(Graham Cooke)은 다음과 같이 말하고 있다.

> 하나님은 특별한 시간 그리고 특별한 장소에서 그분의 뜻을 행하시기 위하여, 우리가 알 필요가 있는 것만을 드러내신다. 하나님은 우리가 알기를 바라지 않는 것들에 대하여, 하나의 예언으로부터 비밀을 유지하신다. 엘리야는 말했다. "……여호와께서 내게 숨기시고……"(왕하 4:27). 다른 말로 하면, "나는 모릅니다"이다.[3]

하나님은 여기저기에서 작은 조각들을 우리에게 주신다. 생각해 보면, 우리는 왜 하나님이 우리에게 이것 혹은 저것이라고 명확하게 말씀하지 않으셨는지, 혹은 왜 외관상 중요하지 않은 것으로 보이는 것을 상세하게 말씀하셨는지에 대하여 궁금하게 생각할지도 모른다. 하나님은 그분이 하시고 있는 일이 무엇이며, 언제 예언을 통하여 그분의 마음을 우리에게 드러내셔야 하는지를 모두 알고 계신다. 이것은 단지 우리가 믿어야 하는 부분이다. 그렇기 때문에, 우리는 우리가 우연히 만나는 모든 것에 대하여 알지 못한다는 것과 어떻게 예언들이 충족되어질지에 대하여 알지 못한다는 것을 마음속에 새겨 두어야 한다. 예언이 어떤 길을 제시할지 모르더라도, 우리는 앞으로 나아가며 하나님을 매일같이 따르고 그분을 신뢰해야 한다.

2. 예언은 발전한다

우리가 순종함으로 하나님을 따를 때, 그분은 우리에게 다음 조각을 주실 것이다. 그분은 우리가 장래에 하기 원하시는 것을 세 단계 이상 말씀하지 않으신다. 그분은 한 단계 한 단계 단계적으로 주신다. 아브라함의 경우가 그러했다. 하나님은 그에게 조각들을 여기저기에 주셨다. 하나님은 아브라함이 순종할 때마다, 하나님께서 아브라함에게 원하시는 것을 아브라함이 모두 이룰 때까지 다시 말씀하시곤 하셨다. 하나님은 확인하시고 확장하시고 새로운 안목을 주시고 나서야 아브라함을 그 다음 단계로 이끄셨다.

이것이 예언의 방식이다. 각각의 예언적 말씀들은 완전한 것이 아니다. 전심으로 하나님께 순종할 때, 우리는 퍼즐의 새로운 조각을 받는다. 예언들은 확인하고 새로운 이해를 가져옴으로써 그것들을 기반으로 만들어진다.

3. 예언은 잠정적이다

예언의 과정에 대한 열쇠는 순종이다. 하나님은 우리의 뜻을 침해하지 않으시며, 하나님의 뜻을 우리에게 강제하지도 않으신다. 예를 들면, 마리아가 임신할 것이라는 예언적 선언을 들었을 때, 그녀는 예언을 거부할 수도 있었을 것이다. 그러나 그녀는 거부하는 대신 다음과 같이 말하였다. "주의 여종이오니 말씀대로 내게 이루어지이다"(눅 1:38). 그녀가 "아니오."라고 말했다면, 성령은 결코 그녀가 임신하도록 하지 않았을 것이다. 비록 그녀가 어떻게 이러한 일이 일어나는지를 완벽하게 이해하지 못했고, 그녀가 선택된 것에 대한 중요성에 대해 인식하지도 못했음에도 그녀는 예언적 말씀을 통하여 하나님이 그녀의 삶을 향한 운명을 보이실 것이라는 것을 알고 있었다. 그녀가 순종을 선택함에 따라, 말씀이 이루어지고 그로 인하여 인류는 축복을 받았다.

예언의 가치

예언은 하나님이 그분의 교회에게 주신 굉장한 은사이다. 그것은 개인과 공동체 모두에게 거대한 이익으로 굉장한 은혜를 가져다 준다. 이러한 은사를 받을 때 우리의 삶과 교회에 가져다 주는 은혜들이 있다.

1. 예언은 치유를 가져 온다

잠언 25장 11절에는 다음과 같이 적혀 있다. "경우에 합당한 말은 아로새긴 은 쟁반에 금 사과니라." 예언을 통하여 위로와 교화를 받아들인다면 상처받은 마음을 치유할 수 있다. 그래함 쿡은 다음과 같이 말하고 있다.

> 상처, 부상, 거절 그리고 감정적인 외상들은, 우리가 구원 전이나 혹은 구원 후나 우리의 삶의 한 부분이다. 좋은 소식은 우리의 모든 단계에서 (신체적·정신적·감정적) 우리를 치유하시는 하나님을 섬기고 있다는 것이다. 하나님의 목적은 삶의 완전성이며 영의 충만함이다. 예언은 치유하고 새롭게 하는 놀라운 과정이다. 예언은 직접적인 말을 통하여 대화함으로써, 우리가 우리의 삶과 현재의 상황에 대한 하나님의 진정한 관점을 보게 한다.[4]

2. 예언은 하나님과의 관계를 친밀하게 한다

모든 창조물을 돌보시는 하나님께서, 어떻게 우리에게 하나님의 마음으로부터의 개인적인 메시지를 보내실 수 있을까. 이는 하나님에게 있어서 우리들의 개인적인 가치가 무엇인가에 대하여 곰곰이 생각하게 한다. 하나님의 말씀을 받는 것은 하나님의 깊은 사랑과 돌보심에 대한 새로운 인식을 가져 오며, 하나님과의 관계에서 우리의 위치를 일깨워 준다. 다른 관계와 마찬가지로, 대화는 더욱 깊은 단계에 도달하는 열쇠이다. 하나님이 우리와 대화하실 때, 그리고 우리가 하나님께 응답할 때, 하나님과의 관계는 더욱더 깊고 더욱더 의미 있게 된다.

3. 예언은 방향을 제시하고 비전을 새롭게 한다

하나님의 말씀을 받을 때, 종종 하나님이 우리를 어디로 이끌고 계시는지에 대한 정확한 이해를 얻는다. 우리가 어디로 가고 있는지를 이해한다면 하나님이 우리에게 가지신 목표와 계획에 더욱 강하게 집중할 수 있다. 새로운 열정과 비전은 예언적 말씀이 지시한 방향으로 우리를 나아가게 한다.

4. 예언은 성경적 안목을 가져 온다

우리가 다음 장에서 보게 되겠지만, 예언은 하나님의 말씀과 일치해야 한다. 그러한 경우에, 예언을 통하여 나온 계시는 종종 성경에 있는 비밀에 대해 더욱 깊게 이해할 수 있도록 새로운 시각과 영감을 준다. 이와 관련하여 바울은 다음과 같이 말하고 있다. "그것을 읽으면 내가 그리스도의 비밀을 깨달은 것을 너희가 알 수 있으리라 이제 그의 거룩한 사도들과 선지자들에게 성령으로 나타내신 것 같이 다른 세대에서는 사람의 아들들에게 알리지 아니하셨으니" (엡 3:4-5). 예언은 종종 우리가 전에 보지 못하였거나 혹은 이해하지 못하였던 성경적 진리들을 이해할 수 있는 촉매 역할을 한다.

5. 예언은 확증한다

하나님은 우리와 대화하기 위하여 수많은 방식들을 사용하신다. 그것은 성경을 읽는 것으로부터 올 수도 있고, 혹은 설교를 듣거나 친구와 상담하면서부터 올 수도 있다. 하나님은 우리에게 주는 당신의 메시지를 확인하기를 좋아하신다. 우리가 아마도 어떤 다른 형태로 받았을 그 무엇에 대하여 확인하시기 위하여, 하나님은 종종 예언을 사용하신다.

6. 예언은 경고한다

하나님은 우리 자신의 죄에 의하여 혹은 마귀의 계략에 의하여, 우리가 덫에 걸리는 것을 원하시지 않는다. 사랑으로 전달되어진 예언은, 만약 우리가 회개하고 다시 하나님께로 나아가지 않는다면, 우리 자신의 죄로 인하여 재난이 닥칠 것이며 멸망에 이르리라는 것을 종종 우리에게 경고한다. 예언은 또한 적들이 우리를 위하여 준비한 함정들에 대하여 경고한다. 예수님이 탄생하신 후에, 박사들은 헤롯에게로 돌아가지 말라고 경고 받았다(마 2:12 참조). 그리고 마리아와 요셉은, 예수를 죽이려는 헤롯의 음모로부터 예수를 보호하기 위하여, 애굽으로 도망가서 하나님이 그들에게 말씀하실 때까지 그곳에 머물라고 예언적인 경고를 받았다(마 2:13 참조). 사도행전 22장 18절에서, 바울 또한 예수님으로부터 경고를 받는다. "속히 예루살렘에서 나가라 그들은 네가 내게 대하여 증언하는 말을 듣지 아니하리라." 하나님은 우리의 운명을 보시기 때문에, 우리의 운명적 목적을 파괴하기 위하여 적들이 파놓은 함정으로부터 우리에게 경고하시기 위하여 예언적 말씀을 종종 사용하신다.

7. 예언은 구원을 가져 온다

1장에서 언급한 바와 같이 나는 11세였을 때, "오늘이 바로 너의 날이란다."라고 하시는 하나님의 음성을 명백하게 들었다. 그날은 바로 나의 구원의 날이었다. 모든 구원은 어떤 단계에서 하나님의 목소리를 듣는 것으로 인한 것이다. 그래함 쿡은 "나는 하나님의 예언을 통하여 설득되어진 많은 불가지론자들과 무신론자들을 보아 왔다. 죄를 깨닫게 하는 것은 영의 작용이다(요 16:8-11 참조)라고 말한다. 예언은 바로잡아져야 할 과거의 역사를 드러내게 할 수 있다. 그것은 회개, 회복, 그리고 부활을 위하여 어떤 의제를 제공할 수 있다"라고 적고 있다.[5]

8. 예언은 교회에 새로운 관행을 가져 온다

하늘 아래 새로운 것은 하나도 없지만, 다양한 종류의 행정들이 있다. 13세기의 행정은 21세기에서 보면 효과적이지 않다. 새로운 관행에 의하여, 나는 사도신경으로부터의 벗어남을 의미하는 것이 아니다. 그러나 21세기에 적용할 새로운 전략과 새로운 관행으로 우리를 밀어 넣을, 하나님이 교회에 드러내고 계시는 새로운 운영과 경영의 방법들이 있다. 삶은 움직임을 의미한다. 우리가 앞으로 진행하는 것을 멈추는 순간, 우리는 사망에 직면한다. 그러므로 사탄의 최고 전략들은 우리를 어제의 방법에 묶어두는 것이다. 예언은 우리가 옛 방법들로부터 빠져 나오고 오늘에 맞는 적절하고 새로운 방법으로 옮겨가게 한다.

9. 예언은 상담에 있어서 안목을 제공한다

나는 상담할 때마다, 내게 신실한 지혜를 주시는 예언적인 하나님의 음성에 의존한다. 하나님은 종종 문제가 무엇이며, 근원이 무엇인지를 나에게 보이신다. 그리고 하나님이 믿는 자가 삶을 향한 계획을 따라 앞으로 나아가는 데 필요로 하는 전략들을 풀어놓기 위하여 나에게 예언적 말씀을 주신다. 나의 경험을 통하여, 그것은 상담의 매우 효과적인 방법임이 증명되었다.

10. 예언은 기도하는 방법을 보여 준다

때때로, 우리의 기도생활이 진흙 속에 빠져 꼼짝도 못할 수가 있다. 그러나 우리가 어떤 영역에서 하나님의 뜻을 알 때, 우리는 기도 생활을 위한 거대한 에너지를 얻는다. 하나님의 뜻은 예언을 통하여 우리에게 알려지도록 만들어졌다. 하나님의 뜻이 하늘에서와 같이 땅 위에서 이루어지는 것을 보기 위하여, 그러한 지식은 우리에게 계속적인 기도의 기반을 준다.

11. 예언은 전쟁을 위한 전략을 제공한다

예언적 말씀을 통한 기도는 종종 영적 전쟁을 수반한다. 디모데전서 1장 18절에서 바울은 다음과 같이 말하고 있다. "아들 디모데야 내가 네게 이 교훈으로써 명하노니 전에 너를 지도한 예언을 따라 그것으로 선한 싸움을 싸우며" 여호수아 역시, 여리고 성의 함락을 보기 위하여, 그가 수행해야 할 예언적 지시를 받았다(수 6:1-5 참조). 우리는 수없이 적을 만나지만, 어떻게 적에 대항할 것인가에 대한 하나님의 전략을 기다리지 않는다. 예언은 우리의 삶에서 하나님의 계획이 나타나지 못하도록 방해하려는 적에 대항하도록 전쟁에 필요한 전략을 우리에게 제공한다. 우리는 종종 어떻게 전쟁을 수행할 것인가를 알기 위한 지혜를 얻는다.

12. 예언은 믿음을 일깨운다

예언은 모든 것을 변화시킬 수 있다. 우리의 영이 하나님으로부터 말씀을 받을 때, 우리는 예언적 말씀이 충족되는 것을 볼 수 있는 방법과 가능성이 있다는 것을 안다. 신디가 존에게 구속적 예언을 주었을 때, 존이 알코올 중독으로부터 어떻게 자유로워졌는가를 기억하는가? 하나님을 향한 존의 믿음이 그를 건져냈고 그날 놀라운 운명으로 그를 이끄셨다. 그것이 바로 예언의 능력이다. 다음 장에서 예언과 믿음의 관계에 대하여 매우 상세하게 논의할 것이다.

에스겔과 성취를 위한 네 가지 단계

우리는 예언적 계시를 받는 영원한 과정에 있음이 틀림없다. 우리의 삶과 운명은 계속되는 것이다. 우리가 삶을 살아가면서, 우리는 하나님으로부터의 새로운 계시와 방향성을 계속하여 찾을 필요가 있다. 우리는 단지 계시의 한 단계만을 움켜잡을 수 없고, 그것이 우리를 끝까지 계속하여 이끌 것이라고 생각할 수 없다.

우리의 책, 『최선은 이미 놓여져 있다』(*The Best Is Yet Ahead*)에서, 레베카와 나는 마른 뼈 계곡의 환상 속에서 에스겔의 삶에 작용하는 예언의 네 단계에 대하여 설명하였다(겔 37 참조). 만약, 에스겔이 하나님의 목적이 완전히 이루어지기 전에, 그 어떤 시점에서 멈추었다면, 아마도 실패했을 것이다. 에스겔은, 각각의 새로운 단계의 예언마다 네 단계의 과정을 겪었다. 우리 자신의 삶에 있어서 예언적 말씀을 계속하여 충족시키기를 원한다면, 우리는 동일하게 이러한 네 단계를 따를 필요가 있다.

1단계: 그는 예언적 계시를 받았다

에스겔은 하나님을 추구하고 예언적 지시를 받는 것에 열려 있었다. 사실상, 그는 하나님이 말씀하시기를 기대했다. 얼마나 종종 우리는 매일의 삶 속에서 하나님의 음성을 듣기를 기대하는가? 오늘날 하나님은 우리에게 말씀하시고 계신다. 우리는 우리가 앞으로 나아가도록 하는 지시를 받기 위하여, 우리의 삶의 방향성을 위한 하나님의 음성을 듣는 방법을 배울 필요가 있다.

2단계: 그는 하나님의 음성에 순종하였다

하나님은 다음 단계가 성취되기 위하여 무슨 말을 해야 할지, 그리고 무엇을 해야 할지를 에스겔에게 말씀하셨다. 이것은 매우 기본적인 것처럼 보이지만 우리가 이해해야 하는 중요한 과정이다. 에스겔이 첫 번째 단계에서 그리고 두 번째 세 번째 단계에서 하나님께 우선적으로 순종하지 않았다면, 에스겔은 완벽하게 예언을 완성하지 못했을 것이다. 만약 당신이 새로운 계시를 얻거나 하나님의 음성을 듣는 것이 어렵다면, 하나님이 이제까지 당신에게 요구하신 모든 것을 이루었는가 되돌아가서 확인하라. 예를 들면, 만약 당신과 어떤 사람의 관계가 악화되어 하나님이 당신에게 그 사람과의 관계가 원만하게 하도록 계시하였다면, 당신이 마지막 계시에서 하나님께 순종하기 전까지 새로운 계시를 찾기 위하여 하나님께 되돌아갈 필요가 없다. 만약 당신이 예언을 완성하기 위하여 계속하여 나아가기를 원한다면, 당신은 최근의 계시에 순종할 필요가 있고 그 사람과의 관계를 올바르게 할 필요가 있다.

3단계: 그는 하나님의 목적이 성취되는 것을 지켜보며 상황을 살폈다

순종의 각 단계에 있어서, 에스겔은 하나님의 뜻이 성취됨에 따라 발생한 기적들을 보았다. 그럼에도 그는 하나님의 모든 목적이 충족되지 않았다는 것을 알았다. 그는 하나님의 명령에 따라 마른 뼈들에게 예언했을 때 뼈들이 함께 모이는 것을 보았다. 이것은 그 자체로 굉장히 기적적인 광경임이 틀림없다. 그러나 그가 더욱 자세하게 살펴보았을 때, 이러한 거대한 기적이 있음에도 뼈들에게 생기가 없다는 것을 보았다. 그가 다시 하나님께 순종하고 예언했을 때, 뼈들에게 생기가 들어가는 것을 보았다. 살아 있고 숨 쉬는 거대한 존재가 마르고 쓸모없는 뼈의 무덤을 대신하였다. 그럼에도 여전히 희망이 없었고 절망적이었다. 하나님이 절망을 깨고 무덤에서 거대한 군사를 이끌어 내시고, 약속하신 땅으로 그들을 인도하시는 것을 에스겔이 본 후에야 예언의 성취 과정이 완성되었다. 비록 우리가 살아가면서 거대한 기적들을 본다고 하더라도, 하나님의 뜻이 완전하게 성취되었든 그렇지 않든, 우리는 성령의 인도하심에 민감할 필요가 있다.

4단계: 그는 하나님의 다음 지시를 들었다

계속되는 기적은 에스겔이 하나님 찾는 것을 멈추게 하지 않았다. 에스겔은 하나님 찾는 것을 멈춤으로, 경외로운 하나님의 역사에 안주하지 않았다. 물론, 우리는 하나님의 위대한 능력을 곰곰이 생각하고 경배로 우리 자신을 하나님께 나아가게 할 필요가 있지만, 이미 일어난 영광의 어떤 것이 우리를 더욱더 거대한 영광의 단계로 나아가는 것을 방해하게 할 수는 없다.

CHAPTER 3

주님의 말씀을 받으라
— 예언적 말씀을 헤아려 응답하라

Receiving the Word of the LORD

우리는 매우 다양한 방식으로 주님으로부터 예언적 말씀을 받을 수 있다. 예언적 말씀은 우리가 우리의 영 안에서 받은 어떤 강한 느낌일 수도 있고, 주님이 우리의 삶에 특별한 의미가 되는 성경 구절일 수도 있다. 또한 우리가 생생한 예언적 꿈을 꿀 수도 있고 삶의 방향을 상실한 사람들에게 하는 조언이나 상담을 통하여 나올 수도 있다. 심지어 어떤 사람은 "하나님의 영이 지금 당신에게 이렇게 말하고 있다는 것을 나는 믿어요."라고 말하기도 한다. 예언은 하나님으로부터 나올 수도 있고, 혹은 당신에게 찾아와서 초자연적 계시를 주는 천사적인 존재에게서 나올 수도 있다. 이러한 모든 것들은 건강하고 성경적이며, 하나님이 우리에게 말씀하시기 위하여 각각 다른 시점에 사용하셨던 방법들이다.

예언은 경계를 가지고 있다

우리가 예언적 말씀을 받기 시작함에 따라, 우리는 몇 가지에 주의를 기울여야 한다. 예언에는 하나님이 우리 자신을 보호하시기 위하여 설정한 경계가 있다는 것을 이해해야 한다. 예를 들면, 어떤 공동체의 모임에서, 바울은 다음과 같은 기준을 설정하고 있다. "예언하는 자는 둘이나 셋이나 말하고 다른 이들은 분별할 것이요" (고전 14:29).

또 다른 경계는 데살로니가전서 5장 19절부터 21절에서 "성령을 소멸하지 말며 예언을 멸시하지 말고 범사에 헤아려 좋은 것을 취하고"라는 말씀에서 볼 수 있다. 이 장의 나머지 부분은 우리가 좋은 것을 취하기 위하여 예언적 말씀을 헤아리는 방법에 할애되어 있다.

하나님의 말씀인지에 대한 분별

우리가 듣는 음성이 모두 성령으로부터 나온 것은 아니다. 사탄은 우리를 혼란에 빠뜨리고 악의 길로 들어서게 하기 위하여 위조된 은사를 만들어내는 능력을 가지고 있다. 사탄의 은사를 위조하는 능력에는 예언의 은사도 포함된다. 예레미야는 다음과 같이 하나님의 말씀을 기록하고 있다. "이 선지자들은 내가 보내지 아니하였어도 달음질하며 내가 그들에게 이르지 아니하였어도 예언하였은즉"(렘 23:21).

이러한 일은 현재에도 여전히 일어나고 있다. 많은 거짓 예언자들이 있다. 이것이, 왜 우리가 모든 것을 헤아려 선한 것을 취하라고 권고받았는지에 대한 이유이다. 여기에 우리가 주의를 기울일 필요가 있는 몇 가지 부정한 근거를 가진 예언적 사항들이 있다.

1. 신비스러운 것

"네가 많은 계략으로 말미암아 피곤하게 되었도다 하늘을 살피는 자와 별을 보는 자와 초하룻날에 예고하는 자들에게 일어나 네게 임할 그 일에서 너를 구원하게 하여 보라"(사 47:13). 신비스러운 것에 근거를 두는 예언은 심령술, 타로카드, 점판, 점성술 그리고 별점, 천리안, 영매, 초능력, 마술, 점, 기타 등등의 것들을 포함한다. 이러한 것에 근거한 예언적 말들은 절대적으로 피해야 한다. 예를 들면, 사울은 신접한 여인을 방문하여 계시를 받았다. 그러나 그것은 하나님이 아닌 불법적인 것에 근거하는 계시이기 때문에, 그것은 궁극적으로 사울의 죽음을 가져 왔다.

2. 망상

"거짓을 예언하는 선지자들이 언제까지 이 마음을 품겠느냐 그들은 그 마음의 간교한 것을 예언하느니라"(렘 23:26). 당신에게 그릇된 예언을 주는 사람들이 모두 악의적인 것은 아니다. 그들은 단지 혼란에 빠져 있을 뿐이다. 때때로 그들 자신의 망상 속에서 헤매고 있으며, 하나님이 말씀하시지 않았음에도 그들은 하나님의 음성을 듣고 있다고 생각하고 있다.

3. 절제되지 않은 욕망

욕망은 인간의 자연스러운 감정이다. 욕망은 우리의 바람, 열망, 요구, 그리고 기대와 연결되어진다. 욕망이 통제되지 않으면, 욕망은 우리의 삶 속에서 하나님의 뜻을 거역하게 만들 수 있다. 어떤 사람이 '간절한 욕망'이라는 표현을 사용하는 것을 들어본 적이 있는가? 우리가 무엇인가를 간절하게 원할 때, 우리는 우리의 욕망과 일치하는 그 어떤 음성을 들을 수가 있다. 그렇기 때문에 하나님의 말씀인지 사탄의 음성인지, 혹은 우리 자신의 내면의 소리인지를 더 이상 구별할 수 없을 정도로, 그렇게 절제되지 않은 욕망을 통하여 그릇된 예언이 나올 수 있다. 예언은 하나님으로부터의 순수한 말씀이 아닌, 사람들의 내면의 깊은 욕망으로부터 나올 수 있다.

4. 조작과 통제

"너 인자야 너의 백성 중 자기 마음대로 예언하는 여자들에게 경고하며 예언하여"(겔 13:17). 예언은 사람들이 어떠한 행동을 하도록 조작하는 데 사용되어질 수 있다. 예를 들면, 어떤 사람이 다른 어떤 사람과 결혼하기를 원하고 있다. 결혼은 좋은 일처럼 보이며, 사실상 하나님도 결혼을 원하신다. 그래서 그들은 어떤 사람에게 가서 "하나님이 당신은 누구누구와 결혼해야 한다고 말씀하세요." 라고 말한다. 그 말의 뒤에 있는 진의는 하나님으로부터 온 것이 아니라 단지 조작하고 통제하는 영으로부터 온 것이다. 우리는 이것을 다음 장에서 다시 논의할 것이다.

5. 미성숙

아직 예언의 은사에 성숙하지 않기 때문에, 그들 자신의 감정과 혼합된 하나님의 말씀을 전달하는 미숙한 예언자들이 있다. 그러므로 그 말씀은 순수하지 않다. 이러한 경우에, 분별을 해야 할 필요가 있고 그리고 선한 것을 취해야 한다.

6. 거짓 꿈

"보라 거짓 꿈을 예언하여 이르며 거짓과 헛된 자만으로 내 백성을 미혹하게 하는 자를 내가 치리라 내가 그들을 보내지 아니하였으며 명령하지 아니하였나니 그들은 이 백성에게 아무 유익이 없느니라"(렘 23:32). 사탄은, 그가 예언적 말씀을 조작하여 만들어 내듯이 예언적 꿈을 조작하여 만들어 낼 수 있다. 우리가 잠을 잘 때에, 우리는 우리의 영이 완전히 무기력하다는 것을 깨달아야 한다. 사탄은 우리에게 그릇된 말을 전하기 위하여, 이러한 때를 이용하려 할 것이다.

7. 마귀

"내가 사마리아 선지자들 가운데 우매함을 보았나니 그들은 바알을 의지하고 예언하여 내 백성 이스라엘을 그릇되게 하였고"(렘 23:13). 하나님이 천사를 보내어 예언을 하시듯이, 사탄은 악마적 예언을 전달하기 위하여 그의 부하들(바알은 주어진 성경의 예에서 보내어졌다) 중의 한 명을 보낼 수 있다.

예언에 대한 판단

하나님으로부터 받은 예언처럼 보이는 것들이 많이 있다. 우리가 받은 말씀이 하나님으로부터 온 것인지를 어떻게 알 수 있을까? 우리가 어떻게 예언을 분별할 수 있을까? 다음의 목록들은 그래함 쿡의 『예언적 은사의 개발』(Developing Your Prophetic Gifting)과 예언의 판단에 대한 나 자신의 경험을 바탕으로 완성되었다.

1. 당신이 받은 말씀이 덕을 세우고 권면하고 위로가 되는가?

우리가 앞 장에서 개관한 근본적 기능을 가지고 있는가? 고린도전서 14장 3절은 예언의 진정한 목적이 덕을 세움, 권면, 위로라고 말하고 있다. 만약 그 말씀이 교화와 권면과 위로 대신에 불편함을 느끼게 한다면, 혹은 만약 당신이 어떤 것을 단지 올바르지 않다고 느낀다면, 당신은 더 많은 신중한 헤아림이 없이는 그 말씀을 받아서는 안 된다.

2. 예언의 배후에 있는 것이 어떤 영인가?

누군가 당신에게 어떠한 말을 하기 시작할지도 모르지만, 그 말의 뒤에 있는 영이 올바르게 보이지는 않는다. 그것은 비난의 영일 수 있다. 비록 예언이 완전하게 진실이라고 하더라도, 만약 당신이 괴로움을 느끼거나 비난하고 싶은 마음이 든다면, 좀더 판단할 필요가 있다. 모든 예언에 주어지는 영은 사랑이라는 것을 명심하라. 그러므로 심지어 권면이나 혹은 징계의 말씀일지라도, 그것은 당신에게 다시 회복할 수 있는 자유를 주어야 한다.

3. 성경과 일치하는가?

하나님은 성경에 있는 어느 하나의 것을 말씀하려고 하시지는 않는다. 그러므로 예언적 말씀 안에서 당신에게 그 반대편의 것을 말씀하시기도 하신다. 하나님의 예언적 말씀은 항상 영감을 받아서 쓰여진 하나님의 말씀과 일치하며, 우리를 안내하고 모범을 보인다. 성경은 공간과 시간의 한계를 가지고 있지 않다는 것을 명심하

라. 그렇기 때문에, 하나님의 말씀의 진리와 원칙들은 그것이 쓰여질 당시와 마찬가지로 현재에도 매우 중요하다는 것을 우리는 알 수 있다. 다시 말하면, 당신의 성경의 원칙이나 모범들이 구약에서와 마찬가지로 신약에서도 발견되어질 수 있다. 그러나 어떤 사람이 당신에게 말씀을 전달하고 당신이 그것에 대한 성경적 원칙이나 근거나 혹은 예들을 성경에서 찾아볼 수 없다면, 당신은 그 말씀을 온전하게 받아들여서는 안 된다.

4. 그것이 그리스도의 성품을 나타내는가?

『내 말을 네 입에 두었노라』(The Voice of God)에서, 신디 제이콥스는 다음과 같이 말하고 있다. "때때로 양의 가죽을 둘러쓴 늑대들이 성경을 그들 자신의 목적에 맞게 조작한다. 단지 당신에게 성경의 장이나 절을 인용한다고 해서, 그것이 예언을 올바른 것으로 만들지는 않는다. 비록 성경이 사용되고 있다고 하더라도, 점검해야 하는 또 다른 부분은 그리스도의 성품이 그 예언적 말씀을 통하여 드러나는가를 확실히 하는 것이다."[1] 이것은 다시 사랑으로 귀결된다. 사랑과 함께, 예언적 말씀은 사람이나 혹은 교회가 아닌 예수님을 높여야 한다. 예언은 우리를 어떤 단체나 조직이 아닌 하나님 앞으로 인도하여야 한다.

5. 조작되었거나 통제되었는가?

비록 어떤 말씀이 진리로 가득 차 있다고 하더라도, 다른 사람들을 통제하거나 조작하기 위하여 주어지는 말씀으로 사용되어질 수 있다. 통제와 조작은 다른 사람들에게 힘을 과시하고, 남용하며, 다른 사람들을 지배하거나 군림하기 위하여 사용되어진다. 그러한 말은 사랑이 없고, 어떤 성령의 열매도 맺지 못하기 때문에 버려져야 한다.

6. 당신의 의지를 빼앗는가?

그 말씀이 당신에게 이것을 해야 한다, 혹은 저것을 해야 한다고 말하는가? 당신이 하고자 하는 것을 선택할 당신 자신의 자유로운 의지를 나타내지 못하게 하는 방식으로 압력을 가하는가? 만약 그렇다면, 그것은 위험 신호이다. 하나님은 우리 모두에게 자유를 주셨다. 비록 그 자유가 죄를 범하게 할지라도, 모든 예언적 말씀은 당신이 받아들이든 혹은 거절하든 당신이 선택하도록 해야 한다.

7. 권위의 영역 밖으로 밀어내는가?

달리 표현하면, 그 말이 하나님이 설정하신 범위 밖으로 당신을 끄집어내는가? 하나님의 권위에 대한 반역의 마음을 품게 하거나 혹은 의심이나 불순종을 품게 하는가? 그것이 당신을 하나님이 영적으로 허락한 공간 밖으로 밀어내는가? 하나님은 각각 그분의 자녀들에게 권위 구조(authority structure)를 주셨다. 만약 그 말이 당신에게 성경적 권위를 대신하라고 말한다면, 그것을 거절하라!

8. 하나님이 이전에 당신에게 말씀하신 것을 확인하는가?

하나님은 당신에게 주신 말씀을 기꺼이 확인하신다. 하나님이 말씀을 주실 때, 하나님은 대체로 그것을 여러 가지 다양한 형태로 몇 번이고 되풀이하여 주신다. 예언적 말씀은 종종 하나님이 이미 당신에게 말씀하신 것을 확인하며, 당신의 삶에서 하나님이 하시는 것과 일치하는지를 확인하신다.

9. 다른 관점을 허용하는가?

만약 어떤 사람이 당신에게 말씀을 주고 그리고 그것을 다른 사람에게 말해서는 안 된다고 말했다면, 조심하라. 이것은 성경에 위배되는 것이다. 데살로니가전서 5장 21절은 하나님의 어떤 말씀은 평가되어져야 한다고 말하고 있다. 신실한 모임은, 당신이 어떤 말씀을 받을 때, 특히 직장을 그만두고 어떤 다른 도시로 이동하라는 것과 같은 결단성을 요구하는 말씀을 받을 때 항상 순리에 따른다. 잠언 11장 14절은 다양한 조언자들에게 지혜가 있다고 말하고 있으며, 그것은 예언적 말씀에 대한 판단을 포함한다. 사실상, 어떤 예언을 올바르게 헤아리는 방법은, 말씀을 영적으로 성숙한 친구나 혹은 당신의 삶에서 영향력 있는 사람에게 가져가 그 말씀을 판단하는 것을 도와 달라고 요청하는 것이다.

10. 무서운 경고를 주는가?

경고가 나쁜 것은 아니지만, 어떤 종류의 경고인지를 확인해야 한다. 그 경고가 당신을 낙담시키고 무엇을 해야 할지 모를 정도로 무서운 것인가? 그 경고가 당신이 위기에서 벗어날 수 있는 방법을 보여 주는가? 아니면, 구속함이 있는가? 신디 제이콥스는 1994년 9월 21일에 텍사스 주 휴스턴에서 일어난 그러한 경고적 예언에 대하여 이야기한다.

나는 앞으로 24일간이 위기라고 말했다. 비록 적이 도시에 대항하여 서 있지만, 나는 당신을 교차로로 데리고 오고 당신은 막 전환하려고 한다. 나의 눈은 이 도시를 보며, 그리고 황폐해진 이 도시를 본다. 그리고 나는 이 도시에 대한 나의 영에 반하여 설정된 위험을 극복할 것이다. 보류된 계시가 비와 같이 사람들에게 내려지기 시작한다. **동쪽으로 흐르는 강을 보라.** 그 강이 일어남에 따라 나의 사람들도 일어날 것이다.

파수꾼아, 네가 본 것이 무엇이냐? 그는 대답하였다. "**나는 불을 보았습니다. 그것은 활활 타오르는 불입니다. 불이 강의 중앙에 있습니다.**" 그리고 하나님은 말씀하셨다. "나의 불이 이 도시에 일어날 것이다."

"나는 너를 불러 불침번을 서게 할 것이다. 함께 모여 밤을 지키라. 도시의 위험한 지역에서 밤에 노래를 부르라. 그러면 마귀가 드러날 것이며,

그리고 구원이 올 것이다. 만약 네가 야간 불침번에 들어간다면, 너는 임박한 파멸과 그 지역에 예정된 운명을 물리칠 것이다."

기도 리더들 중의 한 명인, 데보라 데가는, 오전 3시에서 6시까지 경계의 기도를 이끌며 예언적 말씀을 교회에서 교회로 전달하였다. **24일의 마지막 날에, 휴스턴에 비가 내리기 시작했다.** 그 도시가 생긴 이래 그와 같이 많은 비가 내린 적이 없었다. 휴스턴은 국가적 차원에서 관리되었다. 샌 자신토 강(**텍사스 주 동부를 흐르는 강**)이 범람하기 시작할 때, 그 모든 것이 공포였다. 강 밑에 있는 가스관이 폭발하고 범람한 강의 중앙에서 그야말로 불기둥이 치솟았다. 혼돈 속에서 교회가 거대한 조직으로 모였다.

이러한 예언적 경고의 경우에, 범람을 피하지는 못했지만 그것으로 인하여 일어날 수 있었던 피해는 줄일 수 있었다.[2]

11. 당신의 영이 그 말씀을 어떻게 느끼는가?

하나님은 우리 각자의 영에 분별의 능력을 주셨다. 만약 우리가 예언적 말씀을 받았지만 어떠한 이유이건 그 말씀이 우리에게 올바르게 느껴지지 않는다면, 우리가 그 말씀을 하나님의 말씀으로 받아들이기 전에 우리는 그것을 더욱 깊이 확인해 보아야 한다.

12. 교회에 의하여 확인되었는가?

만약 어떠한 말씀이 공동체적 모임에 주어졌다면, 사람들과 리더들에 의한 즉각적인 피드백이 있어야 한다. 공동체의 동의가 도출되어야 한다. 나의 공동 저자인 레베카 시세마는 애나하임 빈야드 교회의 집회(Anaheim Vineyard)에 참석한 적이 있었다. 거기에서 어떤 사람이 경배 중에 일어서서 예언의 말씀을 주었다. 그는 하나님이 그분의 자녀들의 간절한 소망이 성취되기를 열망한다고 말했다. 그는 하나님은 사실상, 심지어 비현실적인 이야기처럼 보이는 것조차 실현되기를 갈망하는 분이시라고 말했다. 그는 그 말을 마치고 앉았다. 경배가 끝났을 때, 존 윔버(John Wimber)가 마이크 앞으로 다가왔다. 잠시 침묵이 있은 후에, 그는 조용히 말했다. "우리의 하나님은 동화 속의 하나님이 아니시다!" 어떤 것이 말씀과 일치하는가를 분별하는 많은 군중들로부터 커다란 박수소리가 일어났다. 만약 어떠한 말씀이 공동의 모임에서 주어졌다면, 그 모임과 리더들의 반응을 보아야 한다.

13. 실현될 것인가?

"만일 선지자가 있어 여호와의 이름으로 말한 일에 증험도 없고 성취함도 없으면 이는 여호와께서 말씀하신 것이 아니요 그 선지자가 제 마음대로 한 말이니 너는 그를 두려워하지 말지니라"(신 18:22). 물론, 이것은 예언적 말씀에 대한 가장 근본적인 헤아림 중의 하나이다. 예언은 조건적이므로 우리가 해야 하는 어떤 것에 근거한다는 것을 명심하라. 만약 당신이 다음 장에 있는 응답의 목록을 읽고 말씀과 관련하여 하나님이 당신에게 요구하신 그 모든 것을 이루어 만족하더라도 그것이 여전히 완성된 것이 아니라면 하나님으로부터의 말씀이 전혀 아니다.

14. 열매를 맺는가?

하나님으로부터의 진실한 말씀은 당신이 분별할 수 있는 좋은 열매를 맺을 것이다. 브루스 요컴(Bruce Yocum)은 그의 저서 『예언』(Prophecy)에서 다음과 같이 말하고 있다.

만약 우리가 예언적 언급이 갖는 효과에 대하여 관심을 기울인다면, 우리는 그것들의 가치를 판단할 수 있다. 하나님의 말씀은 생명, 평화, 희망, 사랑, 그리고 모든 종류의 성령의 열매를 맺는다. 하나님의 말씀이 아닌 것은 다툼, 분노, 질투, 정욕, 무관심이라는 사탄의 열매를 맺거나 혹은 어떤 열매도 전혀 가져 오지 못할 것이다.

예언적 말씀을 통하여 당신의 삶에 어떤 종류의 열매가 맺히는가? 이것은 당신이 예언을 하나님의 말씀으로 받아들여야 할지 혹은 말아야 할지를 결정하는 요소이다.[3]

예언에 응답하라

예언의 말씀을 헤아리고, 그것이 하나님이 우리의 삶에 말씀하신 것이라는 결론에 도달하려면, 우리가 어떻게 예언에 응답할 것인가를 이해해야 한다. 여기에 우리가 취해야 할 유용한 검토 항목들이 있다.

1. 일지를 쓰라

일지를 쓰고, 테이프로 녹화를 하든 예언적 말씀을 기록으로 남기는 것은 굉장히 중요하다. 우리는 순전히 우리의 기억에 의존할 수는 없다. 예언을 기록하는 것은 전체 말씀을 기억하게 하고, 그 말씀에 다른 개념들을 덧붙이지 못하게 하며, 우리가 다시 그 말씀을 읽을 때 우리의 믿음을 성장시킨다. 우리는 또한 과거에 하나님이 말씀하신 것과 현재에 우리들이 받은 말씀이 어떻게 조화되는가를 알 수 있다.

말씀이 주어질 당시에 하나님이 우리에게 말씀하시는 그 모든 것을 명백하게 이해하지 못하는 때가 있다. 말씀을 기록하는 것은, 나중에 다시 기록을 보고 새롭게 이해할 수 있다. 예를 들면, 1998년 6월에 나는 피터 와그너 박사의 집에서 생일 파티를 했는데, 신디 제이콥스가 참석하여 생일을 축하해 주었다. 파티가 진행되는 중에, 신디는 예언의 영이 그녀에게 들어오는 것을 느끼기 시작했다.

예언의 일지를 모두 기록하고 있는 와그너 박사는, 녹음기를 집어 들었다. 신디는, 내가 새해에는 나 자신의 삶을 살 것이라는 아름다운 말씀을 주었다. 그리고 와그너 박사를 향하여, 하나님이 전 세계의 리더들을 모아서 세미나를 열게 하실 것이라는 예언을 하기 시작했다. 그녀는 계속하여 몇 가지 특별한 세부 사항들을 예언하였다.

그 당시에, 와그너 박사는 그러한 생각을 전혀 하고 있지 않고 있었으며 계획도 전혀 없었다. 그럼에도 불구하고, 신디의 말은 문자화되어 와그너의 예언적 일지의 67쪽에 기록되었다. 몇 개월이 지나서, 와그너 박사는 여러 기독교 계통의 지도자들을 만났다. 그 모임을 통하여, 하나님은 와그너 박사에게 전 세계의 리더들을 훈련시키는 완전히 새로운 개념을 말씀하셨다. 와그너 박사가 30년 동안 몸 담았던 풀러 신학교의 교수직을 은퇴하고, 자신의 신학교를 시작하였다. 그가 하나님께 순종함으로써, 하나님은 그 학교가 어떻게 운영되어야 하는가에 대한 새로운 계시들을 부어 주셨다. 그 다음해에, 그는 공식적으로 와그너 리더십 연구소(Wagner Leadership Institute)를 설립했고 12월에 첫 번째 학생들을 맞이하였다.

와그너 박사는 일지의 67쪽을 다시 보면서, 하나님이 그에게 말씀하신 것을 정확하게 확인할 수 있었다. 사실상, 그가 조언을 구하고 그 학교의 설립을 준비할 때, 관련된 사람들 또한 새로운 모험에 관하여 주신 하나님의 말씀을 확신할 수 있도록, 신디가 그에게 준 말씀을 복사하여 배포할 수 있었다.

2. 말씀을 육신의 욕구에 의하여 해석하지 말라

많은 하나님의 사람들이 예언을 받고 그것에 그들 자신의 해석을 덧붙이며, 하나님이 그들에게 이것 혹은 저것을 약속하셨다고 말하면서 속임수에 빠진다. 신디 제이콥스는 이것에 대해 다음과 같이 주의하라고 말하고 있다.

나는 나에게 찾아와서 하나님이 예언을 통하여 어떤 배우자를 자신에게 약속하셨다고 말하는 많은 미혼 청년들을 보아 왔다. 내가 그들에게 예언이 어떠한 것이었는지를 물어 보았을 때, 그들은 다음과 같은 말을 하곤 했다. "하나님이 나의 진실한 소망을 들어주실 것이라고 말씀하셨고, 나의 진실한 소망은 이러이러한 사람을 만나는 것입니다." 이러한 해석은 그들 육신의 욕구이며, 하나님은 그러한 욕구에 전혀 응답하지 않으신다.[4]

주의하여 말씀을 받고, 하나님이 정하시지 않은 그릇된 방향으로 달려가지 않도록 하라.

3. 말씀을 껴안으라

껴안는다는 것은 어떠한 것을 꽉 움켜잡는 것을 의미한다. 말씀을 껴안거나 혹은 움켜잡을 때, 믿음이 활성화된다. "믿음은 들음에서 나며 들음은 그리스도의 말씀으로 말미암았느니라"(롬 10:17)라는 성구를 기억하라. 우리가 진정한 예언적 말씀을 껴안을 때, 그것은 하나님이 우리의 삶을 주관하신다는 믿음을 가져 온다. 우리는 하나님이 말씀하신 것을 틀림없이 하실 것이라는 믿음과 함께 우리의 예언적 말씀을 껴안도록 해야 한다. 만약 하나님이 그 말에 영감을 불어넣으셨다면, 그분은 성령에 의하여 유지될 것이다. 심지어 우리가 감당하기 어려운 말씀을 받았다고 하더라도, 그 말씀이 하나님의 말씀이 확실하다면, 하나님이 방법을 주시리라는 것을 알기에 우리의 영 안에서 믿음이 일어날 것이다.

내가 18세 때, 하나님이 나에게 말씀하셨다. "나라를 치유하기 위하여 너를 불렀느니라." 그 당시, 국가를 위한 소명에 대하여 할 수 있었던 유일한 생각은, 내가 선교사가 되는 것이었다. 그러나 그것은 내가 원하는 것이 아니었다. 비록 내가 기꺼이 하나님의 뜻에 순종하였으나, 나는 나에게 주어진 하나님의 말씀을 껴안지는 않았다. 10년이 지난 후에, 하나님이 그 말씀을 나에게 다시 하셨다. 그리고 그때에는 내가 하나님의 말씀을 충심으로 껴안았다. 그리고 하나님은, 하나님이 나를 선교사로 만들기 위하여 부르시지 않았으며, 하나님이 나의 마음에 품게 하는 국가를 위한 중보자, 예언자, 그리고 전략가로 사용할 것이라는 것을 보이셨다. 하나님은, 하나님의 뜻이 이루어지는 것을 보기 위하여 예언적 말씀을 하게 하고,

전략적 중보자를 세우도록 하기 위하여 나에게 여러 나라를 여행하도록 하셨다. 내가 만약, 하나님이 두 번째 말씀하셨을 때 그 말씀을 기꺼이 껴안지 않았다면, 하나님이 나의 삶에서 예비하신 그러한 역할을 잃어버렸을 것이다.

4. 예언의 성취를 위하여 기도하라

예언은 잠정적인 것이기 때문에, 하나님이 우리의 삶을 통하여 하시고자 하는 일이 무엇인지 알았다면 우리가 해야 하는 최선의 행동은 예언의 성취를 위하여 기도하기 시작하는 것이다. 이것은 하나님과의 관계성을 강화하고 믿음을 지속시킬 뿐 아니라 우리에게 영적 전쟁을 대비하게 한다. 적은 우리의 삶에서 하나님의 뜻이 성취되는 것을 원하지 않는다. 그래서 그는 우리가 우리의 운명에 도달하지 못하도록 하기 위하여 할 수 있는 모든 것을 하려고 할 것이다. 이것이 바로, 우리가 하나님의 말씀이 이루어지기까지 그 말씀을 위하여 기도해야 하는 이유이다. 예를 들면, 나는 자녀에 대한 말씀을 받은 많은 불임 부부들을 알고 있다. 그러나 그들은 즉각적으로 임신하지 못했다. 어떤 경우에는, 임신하기까지 수년이 걸렸다. 그러나 하나님은 말씀하신 그 모든 것을 이룰 수 있으신 분이라는 믿음을 가지고 예언의 성취를 위하여 기도함에 따라, 그들의 정신뿐만 아니라 육체까지 불임의 굴레로부터 벗어날 수 있다.

5. 말씀에 순종하라

앞에서 언급한 바와 같이, 예언은 종종 잠정적인 것이므로 그것은 우리가 그것이 실현되는 것을 보기 위해서는 무엇인가를 해야 한다는 것을 의미한다. 무엇인가 예언을 충족시키는 조건이 있는데, 성경적인 예를 살펴보자. "내 이름으로 일컫는 내 백성이 그들의 악한 길에서 떠나 스스로 낮추고 기도하여 내 얼굴을 찾으**면** 내가 하늘에서 듣고 그들의 죄를 사하고 그들의 땅을 고칠지라"(대하 7:14). 하나님은 죄를 용서하고 그 백성의 땅을 치유하시기를 원하실까? 물론이다! 그러나 그들은 예언이 실현되는 것을 보기 위하여 무엇인가를 해야 한다. 즉, 그들 자신을 낮추고 기도하고 하나님의 얼굴을 찾고 그 악한 길에서 떠나야 한다. 우리에게 예언된 것들은, 우리가 그 조건들을 충분하게 충족시키지 못한다면 결코 실현되지 않을 것이다.

2장에서, 레베카가 잭을 만나기 위하여 캘리포니아에서 열리는 집회에 참석할 것을 지시하는 명백한 말씀을, 하나님이 어떻게 레베카에게 주셨는지에 대하여 말하였다. 만약 그녀가 그 집회에 참석하지 않았다면, 그녀는 하나님이 예비하신 배우자를 만날 수 있는 기회를 놓쳤을 것이다. 물론 하나님은 그것을 충족시키기 위하여 다른 방법을 준비하실 수도 있다. 그러나 거기에는 시기의 문제가 또한 발생한다. 예언적 말씀에 대한 그녀의 순종이, 그녀에게 하나님의 정확한 시기를 분별하게 하며 그녀의 운명으로 계속적으로 나아가게 하였다.

6. 말씀이 성취될 것을 기대하라

5단계까지 수행되었다면, 우리는 말씀이 채워질 것을 기대해야 한다. 요한복음 1장 14절은 말씀이 육신이 되는 것, 즉 예언적 말씀의 충족에 대하여 비유적으로 표현하고 있다. 하나님은 그분의 말씀이 육으로 만들어지기를 원하신다. 만질 수 없는 예언적 약속의 존재가 우리의 삶에서 만져지는 현실이 되기를 원하시는 것이다. 많은 사람들은 하나님의 약속이 증명되는 것을 보지 못한다. 그 말씀의 성취를 어떻게 기대해야 하는지를 모르기 때문이다.

우리는 예언을 할 수 있는가?

이 질문에 대한 확실한 대답은 이 책의 영역을 넘어서는 것이지만, 예언에 관한 논의는 누가 예언을 할 수 있는가에 대한 언급이 없이는 완성되어질 수 없다. 우리 모두가 땅 위에서 하나님의 말씀을 전하는 사람으로 부름받은 것은 아니지만, 격려의 말을 나누기 위해서, 친구를 권면하기 위해서, 신실한 충고를 주거나 혹은 예언적 말씀을 주기 위해서 우리 모두가 예언을 하는 것은 사실이다. 로마서 12장 6절은, 우리는 우리의 믿음의 분량대로 예언을 할 수 있다고 말하고 있다. 당신은 어떠한 믿음의 분량을 적용시키고 있는가? 하나님께 지금 즉시 당신의 믿음을 증가시켜 달라고 간구하기를 원한다.

만약 당신이 예수 그리스도를 주님으로 믿는 사람이라면, 성령이 당신 안에 계실 것이다. 당신은 지금 당신 안의 성령에게 성령이 할 수 있다는 믿음을 가지고 말하도록 요청할 수 있다. 당신은 또한 그것이 예언, 구제, 후대, 그리고 가르치는 것에 있어서건 혹은 로마서 12장과 고린도전서 12장, 그리고 에베소서 4장에 기록된 은사의 어떤 것이건, 성령에게 당신 안에 있는 하나님의 특별한 은사를 드러내도록 할 수 있다. 당신의 은사를 포함하여 모든 은사들은 그리스도의 몸 안에서 반드시 필요하다.

WHEN GOD SPEAKS

CHAPTER 4

계시의 삶을 살라

우리 주 예수 그리스도의 하나님,
영광의 아버지께서 지혜와 계시의 영을 너희에게 주사
하나님을 알게 하시고 너희 마음의 눈을 밝히사
그의 부르심의 소망이 무엇이며
성도 안에서 그 기업의 영광의 풍성함이 무엇이며
에베소서 1:17-18

Walking in Revelation

예언을 통하여 혹은 또 다른 방법을 사용하시어 하나님이 우리에게 말씀하실 때, 하나님의 목적은 새로운 단계의 계시를 우리의 삶에 주시려는 것이다. 계시는 승리하는 그리스도인의 삶을 살기 위해서는 필수적인 것이다. 우리의 삶을 향하신 하나님의 소명을 성취하기 위하여, 우리는 지혜와 계시의 영이 필요하다. 우리에게는 우리가 가야 할 다음 과정을 보여 주시는 하나님뿐만 아니라, 우리가 나아가는 길목에 적이 파놓은 함정 또한 필요하다. 그렇게 함으로써 우리는 지혜롭게 살 수 있다.

'계시'는 명시하거나, 명백하게 하거나, 전시하거나, 이야기로 설명하거나, 지시하거나, 권고하거나, 경고하거나 혹은 질문에 대한 답을 주는 것이다. 하나님이 우리에게 말씀하실 때, 하나 혹은 그 이상의 이러한 계시의 측면을 보이시며, 우리는 이러한 것들에 우리 마음의 눈을 떠야 한다. 성경을 통하여 하나님은 그분 자신을 적극적으로 인류에게 드러내셨으며, 우리가 그분을 이해하기를 원하시는 그분의 희망에 흔들림이 없으셨다. 하나님은 계속하여 하나님의 능력, 영광, 본성, 성품, 의지, 방식, 계획, 그리고 전략을 오늘날에도 그분의 백성들에게 보이신다.

하나님의 계시는 우리의 삶에 세 가지 중요한 기능을 하며, 그것들은 다음과 같다.

1. 계시는 모호한 것들을 명확하게 한다

예레미야 33장 3절은 다음과 같이 기록하고 있다. "너는 내게 부르짖으라 내가 네게 응답하겠고 네가 알지 못하는 크고 은밀한 일을 네게 보이리라."

2. 계시는 숨겨진 것들을 드러나게 한다

'계시'의 중요한 정의 중의 하나가 숨겨진 어떤 것의 베일을 벗기고 드러나게 하여, 그것이 무엇인지 드러나게 하고 알려지게 하는 것이다. 사탄은 우리의 삶에 대한 하나님의 계획을 방해하기 위한 시도를 계속하고 있다. 우리는 사탄의 방해를 이겨낼 수 있는 방법을 알기 위하여 그러한 종류의 계시가 필요하다.

3. 계시는 우리의 운명적인 진로를 제시해 준다

우리가 어떻게 살아야 하는지에 대한 하나님의 뜻에 동의함에 따라, 우리는 우리의 삶에 대한 하나님의 뜻을 알기 위하여 계시가 필요하다. 계시는 한 번에 모든 것이 결정되는 그러한 것이 아니다. 하나님의 계획과 시기로 계속적으로 나아가기 위하여, 우리는 끊임없이 새로운 계시를 필요로 한다.

계시를 구하라

이러한 세 가지 계시의 기능은 '왜'라는 질문과 '어떻게'라는 질문에 대한 이해를 돕는다. 그 질문에 답하기 위하여 에베소서 1장 20절에서 23절 말씀을 살펴보자.

> 그의 능력이 그리스도 안에서 역사하사 죽은 자들 가운데서 다시 살리시고 하늘에서 자기의 오른편에 앉히사 모든 통치와 권세와 능력과 주권과 이 세상뿐 아니라 오는 세상에 일컫는 모든 이름 위에 뛰어나게 하시고 또 만물을 그의 발 아래에 복종하게 하시고 그를 만물 위에 교회의 머리로 삼으셨느니라 교회는 그의 몸이니 만물 안에서 만물을 충만하게 하시는 이의 충만함이니라.

이 성경 말씀은, 모든 것이 예수님의 발 아래에 있기 때문에 모든 것 위에 군림하시는 예수님은 우리의 삶 속에 만들어 놓은 적들의 장애물들을 쳐서 무너뜨릴 수 있다고 말하고 있다. 예수님은 머리이시기 때문에, 우리는 예수님이 생각하는 방식을 생각할 필요가 있고, 예수님이 품으시는 마음을 품을 필요가 있다(고전 2:16 참조). 우리가 이 땅 위에서 승리하면서 살고자 한다면, 우리의 사고 과정은 하나님의 사고와 일치해야 한다.

문제는 우리의 마음이 정욕으로 인하여 본능적으로 하나님과 대립한다는 것이다. 그렇기 때문에, 우리는 우리의 생각을 벗어나는 방법을 찾아야 하며 그리스도의 마음을 품을 수 있는 장소 즉, 지혜와 계시의 영이 우리의 삶에서 활발하게 활동할 수 있는 장소로 나아가는 방법을 찾아야 한다. 이와 같이 하기 위하여 우리는 개인적으로 우리가 수용할 수 있는 방식으로, 하나님이 새로운 계시를 줄 수 있는 믿음의 영역으로 나아갈 필요가 있다. 계시를 얻는 데 있어서 중요한 첫 번째 과정은, 하나님이 우리를 위한 계시를 가지고 계시다는 것과 하나님이 그것을 우리에게 전달하는 방식도 가지고 계시다는 것을 믿는 것이다. 두 번째 과정은 마음을 열고 하나님이 말씀하시는 것을 인식하는 것이다. 마지막 세 번째 과정은 새로운 믿음의 영역으로 들어가는 것이다.

믿음은 들음에서 나고,
들음은 하나님의 말씀에서 나느니라!

믿음은 어떠한 말이 진실이라고 생각하는 일반적인 마음의 확신이다. 믿음의 뒤에 있는 주된 개념은 신뢰이다. 우리가 어떤 것이 사실이라고 믿을 때, 그것은 신뢰의 가치가 있다. 로마서 10장 16절에서 17절은 다음과 같이 기록하고 있다. "그러나 그들이 다 복음을 순종하지 아니하였도다 이사야가 이르되 주여 우리가 전한 것을 누가 믿었나이까 하였으니 그러므로 믿음은 들음에서 나며 들음은 그리스도의 말씀으로 말미암았느니라."

성령은 우리 안에 있는 믿음을 일깨우기 위하여 하나님의 말씀을 사용한다. 하나님의 말씀을 향한 우리의 믿음은 우리가 구원을 향하여 일어서는 안정적인 기반이다. 믿음은 우리 안에 어떤 특성을 갖게 한다. 여기에 믿음의 특성과 각각에 대한 반대 특성들의 목록이 있다.

신뢰(Trust) vs. 의혹(Mistrust)

믿음(Belief) vs. 불신(Unbelief)

충성(Loyalty) vs. 반역(Betrayal)

충실(Fidelity) vs. 불신앙(Unfaithfulness)

확실(Confidence) vs. 불확실(Insecurity)

순종(Obedience) vs. 불순종(Disobedience)

일체(Wholeness) vs. 분열(Fragmentation)

하나님으로부터 온 것이라고 믿는 하나님의 말씀을 듣거나 하나님의 영이 내 안에 있는 하나님의 음성을 일깨운다고 느낄 때, 나는 믿음의 특성들에 근거하여 내가 들은 것을 곰곰이 생각해 본다. 믿음에 반하는 음성을 들으면, 나는 그 음성을 거절한다. 하나님은 우리에게 각각 믿음의 분량을 주셨다. 로마서 12장 6절은 말하고 있다. "우리에게 주신 은혜대로 받은 은사가 각각 다르니 혹 예언이면 **믿음의 분수대로……**." 우리의 믿음은 성장해야 하며, 그리고 더욱 더 강해져야 한다.

믿음은 그리스도인에게 기본적이고 중심적인 것이다. 우리의 믿음에 근거하여, 우리는 구원의 상태로 들어간다(엡 2:8-9 참조). 우리가 정화되는 것은 믿음으로 연결되어진다(행 26:18 참조). 우리의 계속적인 성화는 우리 믿음의 결과이다(행 15:9 참조). 우리는 믿음에 의하여 칭의된다(롬 4:5; 5:1 참조). 우리를 양자로 입양하신 주님께 감사하라. 믿음을 통하여 초자연적 믿음을 얻으라(롬 8:15; 갈 3:26 참조). 믿음은 또한 성령의 열매로서 말하여진다. 열매는 어떤 사람에 의하여 만들어질 수 있고, 어떤 사람에게는 보여질 수 있는 그 어떤 것이다(갈 5:22-23 참조). 믿음은 또한 하나님의 위대한 역사를 수행할 수 있는 능력을 주는 초자연적인 은사이다. 예수님은 믿음으로 산을 옮길 수 있다고 말씀하셨다(마 17:20; 고전 13:2 참조).

계시를 받으라

앞에서 언급한 바와 같이, 정기적으로 하나님이 우리에게 말씀하시는 주된 방식은 성경을 통해서이다. 하나님은 우리의 삶에서 일어나는 특별한 상황에 합당한 계시를 주시기 위하여 성경 말씀을 사용하신다. 그러나 성경을 읽는 모든 사람들이 전부 계시를 얻는 것은 아니다. 어떤 사람은 성경을 단지 역사적 사실로서 읽는다. 어떤 사람들은 성경을 마치 중국 소설을 읽듯이 읽는다. 그들은 어떤 지식이나 원리를 얻고자 하지만, 그 이상을 얻을 수는 없다. 그러나 하나님의 영이 살아 숨 쉬는 크리스천은, 같은 성경을 읽으며 믿을 수 없는 놀라운 안목을 얻고 그들의 삶을 위한 생생한 하나님의 음성을 듣는다.

네 개의 헬라어 단어들이 하나님의 말씀의 기능을 설명한다. 각각의 사람들이 성경의 동일한 구절을 읽을 수 있지만, 각각의 사람들은 서로 다른 어떤 것을 얻는다.

1. 그라프(Graphe)

이것은 역사적 의미에서 하나님의 말씀으로 쓰여진 것이다. 어떤 사람도 그가 구원을 받았든 받지 않았든 이러한 관점에서 성경을 읽고 이해할 수 있다. **그라프**(Graphe)로서 성경을 읽는 것은 소설을 읽는 것과 같다. 당신은 줄거리를 이해하고 역사적 사실들을 이해하고, 그리고 등장인물과 시대 상황들에 대하여 궁금해 할지도 모른다. 그러나 그 이외에 진정으로 얻는 것은 거의 없을 것이다.

2. 로고스(Logos)

이것은 성경을 의미 있는 행동 규범으로 보는 것이다. 예를 들면, '무엇이든지 남에게 대접을 받고자 하는 대로 너희도 남을 대접하라' 혹은 '뿌린 대로 거두리라' 등의 개인적인 가치의 이해를 포함한다. 이러한 것들은 일반적으로 따라야 하는 올바른 생활을 위한 원칙이며, 구원받았든 그렇지 않든 중요한 가치가 될 수 있다.

3. 레마(Rhema)

이것은 하나님의 말씀이 계시로 다가오는 것이다. **레마**(Rhema)는 성령에 의하여 **그라프**(Graphe)와 **로고스**(Logos)가 당신에게 조명되는 때이다. **레마**는 당신의 눈을 뜨게 만들고 당신의 영에 말씀의 증거를 갖게 한다. 삶 속에서 그리스도에 대한 열망을 의미하는 **레마** 없이는, 어떤 사람도 진정으로 구원받은 것이 아니다.

4. 조에(Zoe)

모든 크리스천들은 하나님으로부터 **레마**(Rhema)의 말씀을 받았다. 그렇지 않다면 그들은 구원에 이른 것이 아니다. 어떤 사람들에게는 하나님의 계시가 거기서 끝난다. 그러나 지혜와 계시의 영으로 살고 있는 사람들에게는 하나님의 말씀을 읽는 것이 창조적인 그들 존재의 살아 있는 한 부분이 된다. 하나님의 말씀이 **조에**(Zoe)가 될 때, 말씀은 그들 안에 거한다. 하나님의 말씀이 **조에**가 될 때, **레마**가 계속되는 계시를 받는 삶이 된다. 하나님은 성경을 **조에**의 삶으로 읽는 사람들에게 계시를 보이시는 명백한 통로를 가지고 계신다.

성경의 여러 가지 기능들을 살펴보았으므로, 이제 성경을 **그라프**로서 읽는 단계에서 **조에**의 계시를 얻는 단계로 나아가기 위한 하나의 방법을 살펴보자. 예레미야 33장 3절이 그러한 하나의 예이다.

> 너는 내게 부르짖으라 내가 네게 응답하겠고 네가 알지 못하는 크고 은밀한 일을 네게 보이리라.

이것을 큰소리로 읽으라. 그리고 이 성경 구절의 주된 개요를 적으라 예를 들면 다음과 같다

1. 내게 부르짖으라
2. 내가 네게 응답하겠고
3. 네가 알지 못하는 크고 은밀한 일을 네게 보이리라

그리고 그 성경 구절을 생각하며, 당신 안에 있는 지혜와 계시의 영이 활발히 활동하도록 하나님께 간구하라. 당신의 생각과 사고를 넘어서는 것들을, 그리고 일반적으로 당신이 구별하거나 인식할 수 없는 것들을 볼 수 있도록 하나님께 간구하라. 과거에 결코 본 적이 없는 것을 당신에게 보이시도록 하나님께 간구하라. 성경을 묵상하면서 당신의 마음속에 깊이 새겨지는 어떤 것 혹은 모든 것을 적으라. 당신은 이러한 과정을 한번이 아니라 여러 번 할 수 있을 것이다. 당신이 마음속에 깊은 인상을 받을 때, 그것들을 신뢰하며 기록하고, 그리고 하나님이 당신에게 말씀하시고 계신다는 믿음이 내면에서 일어나게 하라. 하나님의 말씀이 살아 있는 것이 되고 전에 보지 못한 **레마**의 계시를 보기 시작할 때, 그것을 어떻게 당신과 당신의 상황에 적용해야 하는가를 하나님께 여쭈어 보라. **레마**가 당신 안에 정착되고 그래서 계속적으로 유지되는 **조에**의 삶이 되도록 하나님께 간구하라.

물론, 우리는 하나님의 음성을 다른 많은 방법으로 들을 수 있고, 이러한 방법을 통하지 않고도 하나님은 **조에**의 계시를 우리에게 주실 수 있다. 그러나 하나님으로부터의 계시를 받은 적이 없는 사람

들에게 이러한 단순한 방식은 하나의 출발점이 될 수 있다.

하나님이 말씀하시는 방식들

하나님의 음성을 듣는 것과 계시를 받는 것은 사람들이 생각하는 것만큼 그렇게 어려운 것이 아니다. 많은 하나님의 사람들이 하나님의 음성을 듣지만, 어떻게 하나님의 음성을 인식해야 하는지는 알지 못한다. 우리가 앞에서 말한 바와 같이, 인식한다는 것은 확립하고 느끼고 이해하고 마음속으로 간직하고 인정하고 준수하는 것을 의미하며, 또한 구별된 어떤 것을 알아차리고 깨닫는 것이다. 하나님의 음성을 인식하고 그에 따라 행동하는 것을 배우는 것은 성공적인 크리스천의 삶을 사는 열쇠이다.

> 우리는 성경의 능력을
> 개인적으로 우리에게 말씀하시기 위한
> 하나의 도구로서
> 결코 과소평가해서는 안 된다.

하나님이 어떻게 우리에게 말씀하시는가? 거기에는 여러 가지 방법들이 있다. 여기에 있는 목록들은 오늘날 하나님이 하나님의 사람들에게 말씀하시는 몇 가지의 방법이다.

1. 성경

우리는 성경의 중요성을 앞에서 이미 말했다. 그러나 이것은 다시 말해야 할 만큼 매우 중요하다. 하나님이 우리에게 말씀하시는 것을 듣는 가장 첫 번째의 방식은, 인류를 위하여 쓰여진 하나님의 계시인 성경을 통한 것이다. 당신이 성경을 읽을 때, 어떤 구절이 마치 살아 있는 것처럼 느껴진 적이 있는가? 그러한 일이 일어나면, 그것은 하나님이 우리의 특별한 상황에 대한 특별한 가르침을 주시는 것이다. 우리는 성경의 능력을 개인적으로 우리에게 말씀하시기 위한 하나의 도구로서 결코 과소평가해서는 안 된다. 사실상, 성경은 거짓 계시를 분별할 수 있는 기준이다. 만약 우리가 하나님의 음성을 들었다고 생각하지만, 그것이 성경과 일치하지 않는다면, 우리가 들은 것은 하나님의 음성이 아니라고 확신할 수 있다.

2. 하나님의 조용하고 작은 목소리

하나님이 이러한 방식으로 우리에게 말씀하실 때, 우리는 무엇이 올바른 것인지를 깨닫고 한 방향으로 돌진하려는 강한 느낌을 갖거나, 혹은 우리의 마음속의 문제들이 안정되고 해결책이 명백해지는 것을 알게 된다. 어떤 사람들은 이것을 직관이라고 부를지도 모른다. 그러나 그것은 종종 하나님이 우리의 영에 직접적으로 말씀하시는 들리지 않는 하나님의 목소리이다.

3. 다른 사람들

하나님은 매우 직접적인 예언적 말씀을 다른 사람들을 통하여 우리에게 하실 수 있고 또한 종종 그렇게 하신다. 다음은 몇 가지 성경의 예이다.

> 다윗왕은 말하기를, "여호와의 영이 나를 통하여 말씀하심이여 그의 말씀이 내 혀에 있도다"(삼하 23:2).

> 베드로가 말하기를, "예언은 언제든지 사람의 뜻으로 낸 것이 아니요 오직 성령의 감동하심을 받은 사람들이 하나님께 받아 말한 것임이라"(벧후 1:21).

이것은 우리가 설교나 강연을 통하여 들을 수 있고 다른 사람과 나누는 대화 속에서 들을 수도 있으며, 우리가 받은 예언적 말씀이나 지식의 말씀, 혹은 지혜의 말씀을 통하여 방언이나 방언의 통역을 들을 수도 있다. 어떠한 방법으로든, 하나님이 어떤 사람을 통하여 우리에게 말씀하실 때, 칠흑 같은 어둠 속에 밝은 빛이 던져지듯이 우리에게 깊고 심오한 방법으로 충격을 준다.

4. 하나님의 창조물

"창세로부터 그의 보이지 아니하는 것들 곧 그의 영원하신 능력과 신성이 그가 만드신 만물에 분명히 보여 알려졌나니 그러므로 그들이 핑계하지 못할지니라 "(롬 1:20). 저녁 노을 속에서, 하나의 들꽃에서, 한여름의 폭우 속에서, 하나님의 임재를 느껴본 적이 있는가? 때때로, 자연의 아름다움이나 심지어 도덕적 진리들도 하나님의 직접적인 말씀을 전달하는 도구가 될 수 있다. 성경에서, 하나님은 노아의 방주에 대한 언약의 증거로 무지개를 사용하셨다(창 9:9-17 참조). 하나님은 또한 기드온을 인도하기 위하여 양털 위의 이슬을 사용하셨다(삿 6:36-40 참조). 하나님은 열매 맺지 않는 무화과나무를 시들어 죽게 하였다(마 21:19-21 참조). 당신을 통하여 만드신 의로움은 성경에서 하얀 눈으로 비유된다(사 1:18 참조). 만약 당신이 잠시 멈추고 주위를 둘러본다면, 하나님이 창조물들을 통하여 말씀하시는 것을 깨닫고 놀랄 것이다.

5. 꿈과 환상

"그들이 그에게 이르되 우리가 꿈을 꾸었으나 이를 해석할 자가 없도다 요셉이 그들에게 이르되 해석은 하나님께 있지 아니하니이까 청하건대 내게 이르소서"(창 40:8). 우리는, 하나님이 꿈과 환상을 통하여 하나님의 사람들에게 말씀하시는 성경의 예를 수없이 볼 수 있다. 하나님은 요셉, 솔로몬, 바로, 많은 예언자들과 왕들, 그리고 예수님의 육신의 아버지 요셉에게, 이러한 방법으로 말씀하셨다. 요엘 2장 28절은 "그 후에 내가 내 영을 만민에게 부어 주리니 너희 자녀들이 장래 일을 말할 것이며 너희 늙은이는 꿈을 꾸며 너희 젊은이는 이상을 볼 것이며"라고 적고 있다. 하나님은 오늘날에도 여전히 꿈을 통하여 말씀하신다. 만약 우리가 생생하여 현실과 같은 특별한 꿈을 꾼다면, 하나님이 그러한 꿈을 통하여 우리에게 무엇을 말씀하려고 하시는지 하나님께 간구해야 한다. 우리는 다음의 두 장에서 이것에 대하여 더욱 자세하게 살펴볼 것이다.

6. 체험과 환경

하나님이 매우 특별한 사건을 통하여 우리에게 말씀하시는 경우가 있다. 때때로 이러한 체험은 집에서 기도할 때 발생하기도 하고 때때로 우리가 교회의 부름에 응답할 때, 혹은 사람들이 처음 구원을 받았을 때 일어나기도 한다. 어떤 사건의 결과로서 뚜렷한 해답이 나올 때가 바로 그러한 순간일 것이다. 특별한 체험을 통하여 하나님이 우리에게 말씀하실 때, 우리는 그 순간을 삶의 전환점으로 삼을 수 있다. 우리의 삶에서 난처한 상황들이 발생할 때마다 하나님의 음성을 명확히 듣기 위하여, 우리는 이러한 상황들을 깊이 있게 살펴볼 필요가 있다.

7. 천사들

성경 전반에 걸쳐, 하나님은 하나님의 사람들에게 무엇인가를 말하기 위하여 천사들을 하나님의 사자로 보내셨다. 이러한 대화의 방법은 때때로 하나님이 사용하시는 방법이므로 당신이 고려해야 한다. 어느 날 하나님께서 당신을 놀라게 하실지도 모른다.

8. 들리는 음성

때때로 하나님은 귀로 들을 수 있는 목소리로 말씀하신다. 하나님은 성경에 있는 많은 사람들과 어린 사무엘에게 그렇게 하셨다. 하늘과 땅과 그리고 살아 숨 쉬는 모든 만물들을 창조하신 것은 바로 하나님의 들리는 목소리라고 창세기는 말하고 있다. 왜 하나님이 그분의 창조물들에게 동일한 음성을 사용하지 않겠는가?

계시를 방해하는 것들

하나님이 우리에게 말씀하시는 방법을 살펴보는 것은, 우리가 왜 하나님의 음성을 더욱더 자주 들을 수 없는가라는 질문을 하게 한다. 물론 하나님은 언제, 어디서, 어떻게, 그리고 누구에게 말씀하실 것인가를 선택하실 수 있다. 그러나 하나님이 우리와 대화를 하시려 할 때 하나님의 계시를 받는 것을 방해하는 삶의 문제들은 무엇일까? 많은 사람들이 다루어 왔고 그리고 현재에도 다루어지는 몇 개의 장애물들을 살펴보자.

1. 산만함

기도하는 것에 어려움을 느낀 경험이 있는가? 혹은 당신이 기도하기로 마음을 먹었을 때, 지루하거나 산만하게 되는가? 우리는, 단지 우리가 하나님께 집중하지 못하기 때문에 하나님이 우리에게 말씀하시고자 한다는 것을 잊어버린다. 만약 우리가 세 가지 다른 일들을 하면서, 누군가와 전화 통화를 하고 있다고 생각해 보자. 우리가 대화의 모든 것을 이해할 수는 없을 것이다. 이것이 하나님과 하나님의 말씀에 대하여 '묵상'하라고 성경이 권고하는 하나의 이유이다. 만약 우리가 산만함을 줄일 수 있는 방법을 발견할 수 있다면, 우리는 하나님이 말씀하시는 것을 듣고 놀랄지도 모른다.[1]

2. 그릇된 허위 정보

크리스천으로서 신앙 체계를 형성할 때, 우리는 종종 하나님의 말씀에 근거하는 원칙보다는 교회와 우리의 동료들에게 의존한다. 이것이, 오늘날에는 하나님이 자녀들에게 말씀하고 계시지 않는다고 믿게 되는 이유이다. 성경이 말하기 때문이 아니라, 단지 어딘가에서 들은 그릇된 허위 정보 때문이다. 하나님은 우리에게 말씀과 약속을 주셨다. 그리고 하나님은 우리가 성경으로 우리의 결심과 우리의 믿음을 점검하여 그릇된 정보에 빠지지 않을 것을 기대하신다. 우리의 마음을 새롭게 하여 세상의 믿음을 따르는 것이 아니라 하나님을 따르도록, 우리는 하나님께 항상 간구해야 한다(롬 12:2 참조).[2)]

3. 불신

많은 사람들은 단지 믿지 않고 들으려고 하지 않기 때문에, 그들의 삶 속에서 하나님의 음성을 들을 수 없다. 그들이 구원을 받았고 때때로 기도를 한다고 하더라도, 그들은 하나님의 음성을 거의 혹은 전혀 기대하지 않는다. 만약 우리가 기도할 때마다 하나님이 우리의 말을 들으실 뿐만 아니라 우리와 대화하기를 원하시고 계시다는 것을 진정으로 믿는다면, 기회가 있을 때마다 기도하려고 할 것이다. 그러나 기도에 대한 즉각적인 응답이나, 혹은 적절하다고 생각하는 응답을 받지 못하기 때문에 우리는 불신에 빠진다. 우리가 원하는 것이 무엇이든, 우리가 하나님의 응답을 어떻게 해석하든, 우리는 최선의 것을 주시는 전지전능하신 하나님을 섬기고 있다는 것을 명심해야 한다. 만약 우리가 불신에 빠진다면, 첫 번째 기도는 다음과 같아야 한다. "내가 믿나이다 나의 믿음 없는 것을 도와 주소서!"(막 9:24)[3)].

우리의 책, 『당신의 유업을 취하라』(*Possessing Your Inheritance*)에서, 레베카와 나는 하나님의 계시를 놓치게 할 수 있는 다음과 같은 과정을 지적했다. 하나님이 말씀하실 때, 우리가 받은 것을 즉각적으로 빼앗으려는 적들이 있다는 것을 우리는 인식해야 한다. 사탄은 항상 하나님의 계획을 방해하려고 한다. 이스라엘 사람들의 경우가 그렇다. 그들이 바벨론의 포로생활에서 벗어났을 때, 그들은 하나님의 계시를 받았다(렘 29:10 참조) 이스라엘 사람들은, 그들에 대한 하나님의 뜻이 돌아가서 파괴된 하나님의 성전을 다시 세우는 것이라는 것을 알았다. 그들은 하나님으로부터 명백하게 들었지만 하나님의 말씀대로 복구하려고 할 때 적이 그들의 노력을 저지했다. 해야 하는 것이 무엇인지를 인식하고 적과 싸워야 함에도, 이스라엘 사람들은 포기하였다. 적이 근거지를 확보하도록 허용할 때, 다음의 세 가지 상황들이 발생한다.

1. **실의에 빠진다.** 왜 하나님이 그들을 불러 우선적으로 성전을 재건하라고 하셨는지 묻기 시작했다.
2. **환멸에 빠진다.** 모든 것이 올바르게 진행되지 않았다. 그래서 그들은 하나님이 진정으로 그들에게 성전을 재건하라고 말씀하셨는지를 의심하기 시작했다.
3. **무관심에 빠진다.** 상황이 진행됨에 따라, 그들은 자신의 집을 짓고 하나님의 성전은 황폐된 채로 남겨두기로 결정했다. 그들은 돌보는 것을 멈추었다.

만약 우리가 주님이 말씀하신 것을 지켜내지 못하고 주님의 뜻을 신중하게 수행하지 못한다면, 이러한 사건의 진행은 우리의 삶에서 종종 발생할 수 있다. 우리의 유업을 취하기 위하여 하나님의 계획을 선택하려는 의지적 행동이 필요하다.[4]

계시를 취하라

하나님은 이스라엘 사람들이 신전을 재건하게 하려는 의도를 가지고 계셨다. 그것은 하나님이 이기적인 분이시기 때문이 아니다. 신전을 재건하는 것은 바벨론의 포로생활로 이스라엘 사람들이 잃어버렸던 것을 회복하는 데 직접적인 효과가 있는 것이다. 그것은 그들의 미래를 위하여 중요한 것이다. 하나님이 우리의 삶에 계시를 보이실 때, 그것은 그 자체로 끝나는 것이 아니라 우리의 가능성과 운명으로 우리를 인도하시려는 의도된 과정의 일부이다. 이 책에서, 우리는 예언의 가치에 대하여 살펴보았다. 예언은, 우리가 받은 대부분의 계시와 마찬가지로 우리를 다음의 과정으로 나아가게 한다.

1. **그분 자신에 대하여 말씀하신다.** 종종, 하나님은 하나님이 어떤 분이신지를 우리에게 드러내기 위한 방법으로 성경을 사용하실 것이다. 설사 하나님이 다른 방법을 사용하신다고 하더라도, 그것은 성경이

기록하고 있는 것과 항상 일치할 것이다. 그렇기 때문에, 우리가 성경에 익숙해지는 것은 반드시 필요한 것이다.

2. 계획하신 것을 말씀하신다.
3. 우리에게 우리가 그 계획의 일부라는 것을 말씀하신다.

모든 사람들이 하나님이 말씀하시는 것을 받아들일 수 있는 것은 아니다. 하나님의 계시가 있을 때마다, 우리와 직접 마주치기 때문이다. 우리가 하나님의 진리와 직면할 때, 우리는 그것을 적절하게 다루어야 한다. 하나님의 계시는 어떤 응답을 요구한다. 하나님이 주권자이시기 때문에, 하나님의 뜻이 이루어지게 하기 위하여 우리는 하나님의 주권에 응답해야 한다.

하나님의 계시는, 단지 우리가 참고해야 하는 정보가 아니라 우리의 믿음을 일깨우고 우리의 삶을 인도하는 명령이다. 믿음이 없이 하나님을 기쁘시게 하는 것은 불가능하다. 또한 행동이 없는 믿음은 죽은 것이다. 계시는 우리가 두 측면 모두에 도전하게 한다. 일단 우리가 계시를 받았다면, 우리는 그 계시에 순종해야 한다. 우리는 우리에게 주신 계시에 책임을 져야 한다. 우리의 운명에 도달하기 위하여 우리는 하나님의 계시를 받아야 하고, 그리고 그것에 따라 행동해야 한다. 물론, 때때로 가장 적절한 반응은 하나님의 말씀을 기대를 갖고 기다리는 것이지만, 원칙은 그대로 남아 있다. 기회의 창이 닫히는 것은 우리가 계시에 반응하지 않을 때며, 어쩌면 영원히 닫힐 수도 있다. 계시의 삶을 살고 하나님 안에서 우리의 운명에 도달하는 것은 간단하게 요약될 수 있다. 우리가 처하는 모든 상황 속에서 하나님의 주권적인 계획을 발견하고 하나님의 뜻에 따라 믿음을 가진 삶을 사는 것이다.

WHEN GOD SPEAKS

CHAPTER 5
꿈과 환상을 통하여 하나님의 음성을 들으라

이르시되 내 말을 들으라
너희 중에 선지자가 있으면
나 여호와가 환상으로 나를 그에게 알리기도 하고
꿈으로 그와 말하기도 하거니와
민수기 12:6

Hearing God Through Dreams and Visions

우리는 앞 장에서, 우리가 처한 모든 상황 속에서 하나님의 주권적인 계획을 발견하고 하나님의 뜻에 따라 믿음을 가진 삶을 살아야 한다고 결론을 맺었다. 하나님이 하나님의 사람들과 대화하시는 주된 방식은 바로 꿈과 환상이다. 그럼에도 꿈과 환상은 종종 잘못 이해되고, 간과되고, 그리고 무시되었다. 어쩌면, 꿈을 믿는 것은 어리석게 보이거나 혹은 이상하게 보일 수도 있다. 이와 관련하여, 이라 밀리간(Ira Milligan)은 다음과 같이 지적한다.

바울은 "하나님께서 세상의 미련한 것들을 택하사 지혜 있는 자들을 부끄럽게 하려 하시고"라고 말하고 있다(고전 1:27 참조). 비록 많은 꿈들이 세상적으로 어리석거나 혹은 무의미한 것일지라도, "은밀한 가운데 있

는 하나님의 지혜를" 이해하는 사람들에게 있어서 그것들은 매우 귀중한 것이다(고전 2:7 참조).[1]

피오나 스타(Fiona Starr)와 조니 주커(Jonny Zucker)는 다음과 같이 말하고 있다.

구약 성서는 꿈 장면과 그에 대한 해석으로 가득 채워져 있다. 가장 잘 알려진 것이 야곱의 아들 요셉의 이야기이다. 요셉은 꿈을 통하여 앞을 내다보는 능력을 가졌다. 요셉의 꿈에 대한 해석은, 요셉이 가진 독특한 능력 때문이 아니라 꿈의 내용 때문에 종종 형제간의 경쟁을 가져 왔다. 요셉이 꾼 많은 꿈 중에서, 요셉은 그 자신이 다른 형제들보다 더욱 뛰어날 것이라는 꿈을 꾸었다. 다른 형제들이 거만하게 보이는 요셉에게 화가 나서, 아버지 야곱에게 요셉이 죽었다고 미혹하여 요셉을 추방하려고 하였다. 그러나 요셉의 능력은 애굽의 바로의 꿈을 해석해 주면서, 위험한 상황을 벗어날 수 있도록 도와준다.

야곱의 사다리는 또 다른 잘 알려진 성경의 꿈 이야기이다. 어떤 사람들은, 땅 위에서 하늘로 길게 뻗은 사다리에 관한 꿈은 하나님과 땅 위에 있는 인간의 더욱 깊은 대화를 상징하는 것이라고 말한다.[2]

**주님은 그분의 귀한 자녀들을
안내하고 지시하고 경계하고 도와주고**

그리고 대화하기 위하여
꿈과 환상을 이용하신다.
하나님은 이러한 방법으로
인류와 대화하는 것을 멈추시지 않으셨다.

성경에서, 하나님이 의로운 사람이나 그렇지 않은 사람 모두에게 꿈과 환상을 통하여 메시지를 보냈다는 이야기가 50번을 넘는다. 주님은, 그분의 귀한 자녀들을 안내하고 지시하고 경계하고 도와주고 그리고 대화하기 위하여 꿈과 환상을 사용하신다. 하나님은 이러한 방법으로 인류와 대화하는 것을 멈추시지 않으셨다. 사실상, 하나님은 구원받지 못한 사람들에게 다가가기 위하여, 특히 복음이 전파되지 못한 지역의 사람들에게 다가가기 위하여, 종종 꿈과 환상을 사용하신다. 내가 부총재로 섬기고 있는, 국제추수사역(Global Harvest Ministries)에서, 우리는 최근에 그와 같은 이야기를 보고받았다.

카셀 근처에 살고 있는 어떤 이란 사람이, 크리스천 직원에게 자신이 최근에 꾼 꿈에 대하여 말하였다. "나는 우리 집의 지붕 위에 서 있었다. 그리고 밝은 빛이 스포트라이트를 비추듯이 나를 비추었다. 그 빛은 마치 빛으로 만든 물줄기처럼 나를 비추면서 흘러 내렸다. 나는 그것이 무엇을 의미하는지 도저히 알 수 없었다. 나는 책을 찾아보기도 하고 꿈을 해석해 주는 사람들을 찾아가 보기도 했지만, 정확한 답을 들을 수 없었다." 크리스천인 직원은 '예수님은 세상의 빛이시다' 라고 말하며, 그에게 말했다. "단지 하나님만이 꿈을 해석하실 수 있습니다. 당신을 비춘 빛은 예수님이 당신을 부르고 계신다는 것을 의미하며, 물줄기는 아마도 당신이 세례를 받아야 한다는 어떤 암시일 것입니다." 그 이란 사람은 그러한 해석을 확신하고 예수님을 따르는 것에 동의하였다. 그리고 그는 침례를 받았다.3)

우리는 하나님이 개인과 가정, 그리고 공동체 전체를 자신에게 부르시기 위하여 꿈과 환상을 사용하고 계시다는 많은 증언들을 가지고 있다. 주님은 전부는 아니라 할지라도, 대부분의 믿는 사람들에게 이러한 계시의 방법을 사용하신다.

꿈이란 무엇인가?

꿈은 당신의 몸이 평화로운 상태에 있고 당신이 안정되어 있을 때에 나오는 계시(자연적이든 혹은 영적이든)이다. 때때로, 이것은 하나님이 당신과 대화하실 수 있는 유일한 방식이다. 그것은 당신의 혼(정신)이 잠잠하여 하나님이 당신의 영에 깊이 말씀하실 수 있기 때문이다. 꿈은 당신의 스냅 사진과 같은 것이다. 전도서 5장 3절은 걱정이 많을 때 꿈이 생긴다고 적고 있다. 그것은 당신의 삶에 대한 상황이나 혹은 당신과 대화하시려는 성령에 대한 잠재 의식적인 반응일 수 있다. 제인 해몬(Jane Hamon)은, 그녀의 저서 『꿈과 환상』(Dreams and Visions)에서 다음과 같이 말하고 있다.

> 꿈은 사람들의 개인적인 배경, 경험 그리고 당시의 삶의 환경들에 의존하는, 개인마다 독특한 관념이나 상징에 근거하여 사람들의 잠재 의식 속에서 만들어진다. 꿈은 우리의 의식적인 사고가 미처 깨닫지 못하는, 우리 자신이나 혹은 다른 사람들에 대한 진실을 우리에게 전달해 줄 수도 있다.
>
> 꿈은 순수하게 자연적인 상태에서 나타날 수도 있고 혹은 하나님의 영으로부터의 메시지로서 주어질 수도 있다 ……(중략)…… 우리가 꿈을 통하여 주님의 영이 말씀하시는 것과 성경에 언급된 예언, 지식의 말씀, 기타 등등의 다른 신성한 대화의 방법들을 비교한다면, 꿈은 우리의 의식이 인식하기 전에 먼저 무의식에 주어진다는 차이점이 있다.[4]

고대 동양 세계에서, 꿈은 또 다른 현실로 다루어졌다. 꿈은 신성한 세계 혹은 마귀의 세계로 간주되었으며, 그것들은 종종 미래를 보여 준다고 생각했다. 꿈은 계시로 가득 찼고, 꿈을 꾼 사람은 꿈의 해석에 따라 그들의 미래에 대한 결정을 하곤 했다.

이스라엘에서는, 애굽과 다른 이웃나라들에서 실행되던 수많은 신성한 풍습들이 금하여졌다. 그러나 하나님은 하나님의 뜻과 방식들을 전달하기 위하여 밤에 방문하곤 하셨다. 이러한 일은 성경 전반에 걸쳐서 계속되었다. 신약 성서의 처음 두 장만 보더라도, 하나님은 다섯 번의 예언적 꿈을 통하여 지시하신다.

크리스천으로서 우리는 성령에 의하여 영감받은 꿈으로부터 계시를 받을 수 있다. 예를 들면, 나는 이스라엘을 방문하기 위한 기도를 하는 중에 꿈을 꾸었다. 나의 좋은 친구이자 동료인 바비 바일리와 나는, 피터 와그너 박사가 주관하는 아랍의 크리스천 리더들과 메시아파 리더들의 중재를 위한 기도모임에서, 기도를 인도할 예정이었다. 보이지 않는 영적 전쟁이 그 모임을 둘러쌌다. 나는 기도하는 중에 피곤함을 느끼기 시작했다. 그래서 바비를 불러서 우리가 기도 모임에 앞서 3일 동안 금식하며 기도해야 한다고 말했다. 바비 또한 똑같은 부담을 느끼고 있었기에 즉시 동의하였다.

금식의 두 번째 날에, 나는 잠시 잠이 들었는데 어떤 꿈을 꾸었다. 꿈속에서, 유명한 예언자인 바바라 웬트로빌(Barbara Wentroble)이 나에게 물었다. "당신은 이스라엘에 갈 것이다. 그런데 이스라엘에 가는 방법이 두 가지가 있는데, 당신은 어떤 방법을 택할 것인가?" 나는 그녀에게 우리가 어떻게 갈 것인가를 설명하였다. 꿈속에서, 내가 그녀에게 지도를 보여 주며 우리가 아랍 사막을 횡단하여 이스라엘에 도착하는 과정을 설명하였다. 그때 그녀가 말했다. "당신은 그러한 방법으로 갈 수 있다. 그러나 당신이 그렇게 한다면, 당신은 많은 영적 전쟁을 겪을 것이다. 당신이 취할 더 좋은 방법이 있다." 그 방법이 무엇인지 내가 물었을 때, 그녀는 대답했다. "곧장 이스라엘로 가라. 그리고 당신이 알고 있는 지도자들을 만나라. 그리고 그 외의 모든 사람들과 모임을 가져라." 나는 잠에서 깨어, 하나님이 피터 와그너 박사가 그 모임을 협력하여 이끌어 갈 때 취해야 할 지시를 나에게 보이셨다는 것을 알았다. 나는 와그너 박사에게 우선적으로 우리가 알고 있는 이스라엘 지도자들과 모임을 갖도록 권유하였다. 그래서 우리는 전체 모임과 화해의 시간을 가질 수 있었다. 이것은 하나님의 지시적 계시라는 것이 입증되었고, 우리 임무의 모든 성과에 의미 있는 영향력을 행사했다.

환상이란 무엇인가?

환상을 설명하는 가장 손쉬운 방법은 당신이 깨어 있지만 꿈을 꾸고 있다고 상상하는 것이다. 환상을 경험한 사람들은 실제적으로 존재하지 않는 물건과 사건들을 영적인 눈으로 보고 있기 때문에, 종종 그들이 마치 다른 현실 세계로 들어간 것처럼 보인다. 환상을 보는 사람은 영적인 사건을 경험하고 있기 때문에, 방안에 있는 다른 사람들은 어떠한 일이 진행되고 있는지를 알 수 없을 것이다.

때때로 꿈과 환상을 구별해 내는 것은, 불가능한 것은 아니지만 무척 힘들다. 예를 들면, 성경의 선지자들에게 계시적인 환상이 보여지는 상황들은 매우 다양하다. 그것은 깨어 있는 시간에(단 10:7; 행 9:7 참조), 낮에(행 10:3 참조), 그리고 밤에(창 46:2 참조) 나타났다. 그러나 환상들은 꿈의 상태와 아주 가깝게 연결되어 있다(민 12:6; 욥 4:13 참조).

구약 성서에서, 계시적인 환상을 보는 사람들은 예언자들이다. 기록을 남기건(사 1; 욥 1; 나 1 참조), 기록을 남기지 않건(삼하 7:17; 왕상 22:17-19; 대상 9:29 참조), 가장 두드러진 예는 에스겔과 다니엘이다. 어떤 사람들은 그들의 환상을 기록하곤 했다. 다른 예언자들은 그들의 환상에 대한 개인적인 다른 기록을 가지고 있곤 했다. 하박국 2장 1절에서 4절에는 다음과 같이 적고 있다. "내가 내 파수하는 곳에 서며 성루에 서리라 그가 내게 무엇이라 말씀하실는지 기다리고 바라보며 나의 질문에 대하여 어떻게 대답하실는지 보리라 하였더니 여호와께서 내게 대답하여 이르시되 너는 이 묵시를 기록하여 판에 명백히 새기되 달려가면서도 읽을 수 있게 하라 이 묵시는 정한 때가 있나니 그 종말이 속히 이르겠고 결코 거짓되지 아니하리라 비록 더딜지라도 기다리라 지체되지 않고 반드시 응하리라 보라 그의 마음은 교만하며 그 속에서 정직하지 못하나 의인은 그의 믿음으로 말미암아 살리라." 예언자들은 지나가는 사람이 하나님의 말씀과 지시를 이해할 수 있도록, 그들의 환상을 적을 필요가 있었다. 신약 성서에서 누가는 사가랴(눅 1:22 참조), 아나니아

(행 9:10 참조), 고넬료(행 10:3 참조), 베드로(행 10:10 참조), 바울(행 18:9 참조)의 환상을 전하면서, 환상에 대한 관심을 명백하게 보여주고 있다. 우리는 매우 신중하게 환상을 다루고 있는 바울을 볼 수 있다(고후 12:1 참조). 요한계시록은 궁극적으로 환상이다.

『교회의 미래 전쟁』(The Future War of the Church)에서, 1985년 12월 31일에 하나님이 나에게 주셨던 환상에 대하여, 레베카와 나는 깊이 있는 나눔을 가졌다. 나는 꿈을 자주 꾸는 편이지만, 내가 기록할 만큼 의미 있는 환상을 본 것은 단지 5번 정도 일 것이다. 이 생생한 환상은 미래의 교회가 변화해야 하는 방향성을 제시해 주었다. 또한 교회에 도전적으로 다가오는 호전적인 이슬람 문화와 무법적인 행동들에 대하여 경고하게 하셨다. 『교회의 미래 전쟁』의 1장에서 이것에 대하여 상세하게 읽을 수 있을 것이다.[5]

내가 섬기는 교회의 담임 목사님은 로버트 하이들러이다. 그분의 아내 린다 사모님은 놀라운 예언적 기도의 리더이며, 선교사이다. 그녀는 다음과 같은 환상을 보았다.

1997년 3월, 우리는 주일 아침 예배에 참석하고 있었다. 그때 나는 환상을 보기 시작했다. 그 환상 속에서, 나는 주님이 우리 집을 방문하실 것을 알았다. 나는 집안을 청소하고 모든 것을 이전보다 훨씬 깨끗하게 하였다. 거실의 카페트를 청소하고 커튼을 세탁하고 다림질하고, 그리고 집안의 모든 먼지와 얼룩을 제거하였다. 나는 싱싱한 꽃을 책상 위에

올려놓았다. 나는 주님을 맞이하기 위하여 더 이상 무엇을 해야 할지를 알 수 없었다. 할 수 있는 모든 것이 준비된 것 같았다.

갑자기, 주님이 거실에 서 계셨다. 주님은 문을 통하여 들어오시지 않으셨다. 단지 갑자기 나타나셨다. 나는 어떻게 해야 할지 그리고 무엇을 말해야 할지 알 수 없었다. 주님은 주변을 둘러보시더니 거실의 한쪽 벽을 가리키시며 말씀하셨다. "저 벽이 없어져야 한다." 나는 당황하였다. 그 벽은 거실과 차고 사이에 있는 벽이었다. 청소기와 건조기 등이 저 벽 바로 건너편에 있었다. 나는 그것들이 안전하기를 원했지만, 주님이 말씀하시자, 그 벽이 산산이 부서졌다. 석고보드가 부서지고 철근이 튀어나오고, 방은 온통 회 가루와 먼지 등으로 가득 찼다.

내가 그 광경에 마음을 진정하기도 전에, 주님은 우리 집의 뒤에 달린 방을 지적하셨다. 그러나 현실에서, 나는 그와 같은 방을 가지고 있지 않았다. 단지 환상 속에서 그러한 방이 있었다. 그 방에는 수많은 종류의 상패와 상장, 트로피와 메달, 그림, 기타 등등의 귀중품들이 있었고 조상 대대로 내려오는 가보도 있었다. 하나님이 그 방을 지적하시고 말씀하셨다. "저 방 전체가 사라질 것이다." 나는 순간적으로 그 방에 있는 물건들을 어떻게 꺼내야 할지에 대하여 생각했다. 그러나 주님은, "그 방의 어떤 것도 꺼내려고 하지 말라."라고 하셨다. 내가 다시 보니, 거대한 크레인이 집 뒤뜰에 나타났다. 그리고 건물 해체용 철구가 이리저리 날아다니고, 그리고 그 방은 순식간에 무너져 버렸다.

우리 집은 무너져 버리고, 나는 충격에 빠져서 어떻게 해야 할지를 알 수 없었다. 이것은 내가 예상했던 것이 아니었다. 그러나 하나님이 우리 집에 일어난 일을 통하여 무엇을 말씀하시고자 하는지는 확실히 알 수 있었다.

나는 이 환상을 좋아한다. 환상의 내용처럼 하나님은 말씀하신다. "네가 비록 모든 것을 안정시켰다고 하더라도 내가 가져 오는 변화에 대비하라!"

밤의 환상이란 무엇인가?

성경은 여러 차례 밤의 환상에 대하여 언급하고 있다. 밤의 환상은, 우리가 잠이 들었는지 혹은 깨어 있는 것인지를 분간할 수 없을 때 일어나며, 그것은 대체로 정확한 관점을 가지고 있다.

사도행전 16장 9절부터 10절에서, 우리는 이와 같은 밤의 환상의 예를 볼 수 있다.

밤에 환상이 바울에게 보이니 마게도냐 사람 하나가 서서 그에게 청하여 이르되 마게도냐로 건너와서 우리를 도우라 하거늘 바울이 그 환상을 보았을 때 우리가 곧 마게도냐로 떠나기를 힘쓰니 이는 하나님이 저 사람들에게 복음을 전하라고 우리를 부르신 줄로 인정함이러라.

이라 밀리간은 밤의 환상과 관련하여 다음과 같은 견해를 밝히고 있다.

> 꿈과 밤의 환상 사이에는 차이점이 있다. 밤의 환상은 해석을 거의 혹은 전혀 요구하지 않는다. 보여지는 실제적인 환상에 더하여, 밤의 환상은 일반적으로 환상의 주된 의미를 전달하는 음성을 가지고 있다. 꿈과 비교하면, 꿈은 좀처럼 그 자체만의 해석을 허용하지 않는다.[6]

분별이 열쇠이다!

우리가 꿈에 관하여 이야기하건, 혹은 환상에 관하여 이야기하건 우리는 이러한 방법들로 전달되어진 계시들이 모두 하나님에 의하여 영감받아진 것은 아니라는 사실을 인식할 필요가 있다. 꿈과 환상에는 세 가지 다른 영역이 있으며, 그것들의 각각은 다른 근원으로부터 나온 것으로서 규명되어질 수 있다.

1. 영적인 꿈과 환상은 하나님의 영에 의하여 영감받아진 것이다.
2. 자연적인 정신의 꿈과 환상은 사람들의 마음이나 의지, 혹은 감정들의 자연적인 진행 과정을 통하여 만들어진 것이다.
3. 그릇된 혹은 미신적인 꿈과 환상은 하나님의 영에 의한 것이 아니다.[7]

우리가 꿈과 환상의 근원을 규명하는 데 있어서, 분별력을 갖는 것은 매우 중요하다. 만약 그렇지 않다면, 우리는 감정적인 욕구에 근거하여 우리의 삶을 결정하거나, 혹은 적에게 우리의 운명을 훼방하기 위한 도발을 허용하게 될지도 모른다. 제인 해몬의 저서 『꿈과 환상』에서 발췌한 다음의 목록은, 꿈이나 환상의 배후에 있는 것이 무엇인지를 결정해야 할 시점에, 우리 자신에게 물어 보아야 하는 질문 사항의 목록이다.

1. 꿈과 환상의 메시지가 예수님의 가르침이나 성품, 그리고 본성에 일치하는가? 영적인 꿈과 환상으로부터 온 모든 계시는, 우리를 하나님께 더욱 가까이 가게 하고 하나님과의 관계에 더욱 헌신하게 한다.
2. 이 메시지가 우리를 의롭게 하는가? 만약 꿈의 메시지가 이기적인 것이거나 혹은 육의 욕구를 말하는 것이라면, 그것은 영적인 꿈이 아닐 것이다.
3. 이 메시지가 하나님의 말씀으로부터의 가르침, 원리, 원칙들과 일치하는가? 모든 영적인 꿈이나 환상은 성경의 진리를 지지하고 강조한다.
4. 당신의 영이나 감정들이 일깨워짐을 느끼는가? 다니엘서에서, 우리는 왕이 꿈을 꾸고 나서 매우 혼란스러워 하는 것을 볼 수 있다. 당신이 어떤 꿈에 의하여 충격을 받았다면, 그것은 하나님이 당신에게 말씀하시는 지시 사항일 수 있다.
5. 꿈과 환상이 당신 자신을 되돌아보게 하는가? 고민하던 문제의 대답

이 꿈의 내용 속에서 찾아졌는가?

6. 그 꿈이 되풀이하여 나타나는가? 혹은 당신이 꾸었던 다른 꿈과 흡사한가? 이것만으로는 영적인 꿈인가를 판단할 수 없지만, 그것은 하나님이 당신의 주의를 계속적으로 끌려고 하시는지를 알 수 있는 단서가 될 수 있다.[8]

항상 하나님께 당신의 꿈에 대해 말하라

만약, 앞의 질문들을 읽고 하나님이 주신 분별력을 활용한 후에, 당신의 꿈이 자연적인 정신 작용에 기인한 것이거나, 혹은 마귀적인 것에 기인하는 것이라도 낙심하지 말라. 꿈의 기원이 무엇이든, 당신은 당신이 꾼 꿈에 대하여 항상 하나님께 말할 수 있고 또 말해야 한다. 당신은 꿈이 당신의 감정에 대하여 알려 주는 것을 무시해서는 안 되며, 수수께끼 같거나 혹은 혼란스러운 꿈들을 명백하게 해 달라고 하나님께 간구함으로써 당신의 마음과 뜻과 감정에 하나님의 위로와 치유하심을 받아야 한다. 만약 당신이 어떤 꿈이 본질적으로 마귀의 것이라고 분별했다면, 그것은 어떻게 적이 당신의 운명을 방해하려고 하는가를 알 수 있는 지표가 될 수도 있으며, 혹은 그것은 새로운 단계의 영적 전쟁에 대한 부름일 수도 있다. 모든 꿈들은 당신의 삶에서 일정한 수준의 의미를 가지고 있으며, 각각의 꿈들이 의미 있는 수준이 어느 정도인가를 결정하는 데 있어서 하나님의 도움을 받는 것은 매우 중요한 일이다.

자신의 명철에 의존하지 말라

우리들 대부분은 매우 어려운 시절이 있었을 것이다. 나의 아내 팸과 나에게는 거의 감당할 수 없는 문제를 가진 특별한 시기가 있었다. 어느 날 밤에, 아내가 꿈을 꾸었다. 그 꿈속에서, 그녀는 숲속으로 이어지는 오솔길을 걷고 있었는데 아직 해가 남아 있었다. 그녀는 태양을 쳐다보면서 계속해서 앞으로 나아갔다. 태양은 점점 더 밝게 비추고 있었고 그녀가 오솔길의 끝에 다다랐을 때, 거대한 바위가 완전히 오솔길을 막고 있었다. 꿈속에서 그녀는 생각했다. **"어떻게 내가 이것을 비켜갈 수 있을까? 다른 길로 가야 할 거야."** 그때 그녀는 하나의 음성을 들었다. "이 방해물을 돌아가려 하지 말라. 이것을 넘어가려고 하지 말라. 이것을 뚫고 지나가려고 하지 말라. 그 방해물에게 말하라. 사라지라고 외쳐라." 그녀가 잠에서 깨었을 때, 그녀는 나에게 말했다. "우리는 그 문제에게 우리를 대항하지 말라고 말해야 해요." 우리는 각각의 문제들에게 예언적 선언을 하며 외쳤다. 그런 후 우리는 변화가 일어나기 시작하는 것을 지켜보았다.

잠언 3장 5절에서 6절은 다음과 같이 말하고 있다. "너는 마음을 다하여 여호와를 신뢰하고 네 명철을 의지하지 말라. 너는 범사에 그를 인정하라 그리하면 네 길을 지도하시리라." 하나님을 찾으라. 주의 깊게 귀를 기울이라. 하나님이 당신에게 말씀하게 하라. 자신의 명철에 의존하지 말고, 하나님이 당신의 상황을 통하여 방법을 가르쳐 주시도록 간구하라.

WHEN GOD SPEAKS

CHAPTER **6**

꿈과 환상에 대한 해석

하나님은 한 번 말씀하시고
다시 말씀하시되 사람은 관심이 없도다
사람이 침상에서 졸며 깊이 잠들 때에나
꿈에나 밤에 환상을 볼 때에
그가 사람의 귀를 여시고
경고로써 두렵게 하시니
욥기 33:14-16

Interpreting Dreams and Visions

우리가 인식을 하든 그렇지 않든, 하나님은 종종 꿈을 통하여 우리에게 가르침을 주신다. 우리가 비록 꿈의 내용을 기억하지 못한다고 하더라도, 하나님이 꿈속에서 우리에게 말씀하시기 때문에 우리는 종종 신선하고 명쾌한 느낌을 가지고 잠에서 깨어나기도 한다. 하나님이 종종 꿈을 통하여 우리에게 교훈을 주시므로, 우리는 어떻게 꿈을 해석할 것인가를 배워야 할 필요가 있다.

성경에서, 예언과 꿈은 똑같은 방식으로 여겨졌다. 민수기 12장 6절에 따르면, 우리는 예언과 꿈들이 동등하게 다루어지는 것을 알 수 있다. 사울은 하나님이 말씀하시지도 않으시며 "꿈으로도, 우림으로도, 선지자로도" 응답하지 않으신다고 불평하였다(삼상 28:6) 이처럼, 이러한 것들이 사람들이 하나님의 말씀을 듣는 일반적인 방식이었다는 것을 추측할 수 있다. 우리는 세 가지 유형의 꿈을 성경에서 찾아볼 수 있다.

1. 단순한 메시지의 꿈

마태복음 1장부터 2장에서, 요셉은 마리아와 헤롯 왕에 관련한 꿈들을 이해했다. 거기에는 해석의 여지가 없었다. 그 꿈들은 직접적이고 명확하고 자기 해석적이었다.

2. 단순한 상징적인 꿈

꿈은 상징적인 의미들로 가득 채워질 수 있다. 때때로 꿈꾼 사람이나 혹은 다른 사람들이 어떤 복잡한 해석 없이 꿈을 이해할 수 있을 정도로 그 상징은 명료하다. 예를 들면, 창세기 37장에서 요셉이 꿈을 꾸었다. 그는 형제들이 자기를 죽이려 한다는 것을 알았다. 비록 꿈이 태양, 달 그리고 별이라는 상징물들을 가지고 있었지만, 그는 완전히 이해했다.

3. 복잡한 상징적인 꿈

이런 유형의 꿈은 통역의 은사에 있어서 특별한 능력을 가진 사람으로부터, 혹은 계시를 깨닫기 위하여 하나님을 찾는 방법을 알고 있는 사람들로부터, 해석에 대한 도움을 필요로 한다. 요셉이 바로의 꿈을 해석할 때, 또한 다니엘서 2장과 4장에서 우리는 이러한 유형의 꿈을 볼 수 있다. 다니엘서 8장에서도, 다니엘이 실제적으로 신성한 해석을 필요로 하는 꿈을 꾸었다고 기록하고 있다.

> 상징적인 꿈을 해석하는 것은
> 이 시대에 하나님의 계시를 전달하고 해석하는,
> 예수님의 특사로서의 우리의 일이다.

상징을 이해한다는 것은, 우리 자신의 꿈을 해석하기 위해서뿐만 아니라 우리를 찾아오는 사람들에게 어떠한 방향성을 제시해 주기 위해서도 매우 중요한 일이다. 우리가 이전 장에서 언급한 바와 같이, 하나님은 믿지 않는 자들에게도 꿈을 통하여 말씀하신다. 나는 다음과 같이 예언적 말을 하곤 했다. "이러한 일들이 앞으로는 증가할 것이고, 많은 사람들을 예수께로 인도하기 위하여 하나님은 꿈을 해석하고 분별하는 방법을 알고 있는 성도들을 필요로 하실 것이다." 그것은 이 시대에 하나님의 계시를 전달하고 해석하는, 예수님의 특사로서의 우리의 일이다.

해석에 관한 다니엘 모형

우리가 꿈과 환상에 대한 해석의 과정에 대하여 공부할 때, 다니엘서는 우리에게 좋은 모형을 보여 준다. 다음은 느브갓네살 왕의 꿈에 대한 이야기와 다니엘이 그것들을 해석하는 과정에 관한 것이다.

1. **다니엘은 그 꿈들의 근원을 조사하고 그것들이 하나님에게서 온 메시지라는 것을 알았다.** 이것은 우리가 5장에서 논의했던 첫 번째 단계이다.

2. **다니엘은 꿈을 해석하기 위한 시간을 달라고 요청하였다**(단 2:16 참조). 고린도전서 2장 6절은 다음과 같이 기록하고 있다. "우리가 온전한 자들 중에서는 지혜를 말하노니 이는 이 세상의 지혜가 아니요 또 이 세상에서 없어질 통치자들의 지혜도 아니요." 다시 말하면, 우리는 다른 어떤 사람도 갖지 못한 주님으로부터의 지혜를 가지고 있다. 우리는 종종, 우리의 삶에 주시는 주님으로부터의 지혜를 위해서뿐만 아니라 주님의 해석을 위하여 간구할 시간이 필요하다.

3. **다니엘은 친구들에게 주님을 찾으라고 촉구하여 중보자를 모았다**(단 2:18 참조). 때때로, 우리는 기도 속에서 꿈이나 환상에 빠져들 필요가 있고 꿈이나 환상에 대한 해석을 하나님께 받을 때까지 우리 주변의 사람들에게 계속 중보해 달라고 요청할 필요가 있다.

4. **다니엘은 주님으로부터 계시를 얻었다**(단 2:19 참조). 우리가 어떤 해석을 해야 할 때, 꿈과 환상에 대한 계시를 얻는 데 있어서 유

용한 다음의 질문들을 할 수 있다.

- 그 꿈이 누구에게 속한 것인가?
- 그것이 진정으로 의미하는 것이 무엇인가?
- 주위의 환경이 어떠한가?
- 꿈속에서 무엇이 상징성을 갖는가? (이에 관한 상세한 내용은 이 장 후반에서 다루겠다).
- 꿈을 꾸거나 환상을 본 사람의 현재의 상황이나 과거의 경력이 어떠한가?
- 꿈이나 환상을 성취하시려는 하나님의 시점이 언제인가?
- 이 꿈에 근거하여, 꿈이나 환상을 받은 사람은 어떤 책임을 갖는가?

5. **다니엘은 하나님을 경배했다**(단 2:20-23 참조) 꿈이나 환상을 위해서, 그리고 그것들에 대한 해석을 위해서 하나님께 영광을 돌리고 하나님을 경배하는 것은 매우 중요한 일이다. 우리가 이것을 소홀히 한다면, 우리의 삶에서 다음 단계의 계시를 받지 못할 것이다.

6. **다니엘은 꿈을 설명했다**(단 2:36-45 참조). 우리가 어떤 사람에게 꿈을 해석할 때, 하나님이 우리로 하여금 어떻게 그 해석을 설명하게 하는가에 대하여 민감할 필요가 있다.

현대에 있어서의 꿈과 해석

내가 주님의 일을 하기 시작할 때, 주님께서는 놀라운 멘토를 나의 삶 속에 예비하셨다. 그는 그 당시 공립학교의 교사이며 또한 훌륭한 주일학교 교사인 라실리아 헨더슨이었다. 무엇보다도 가장 중요한 것은, 내가 이제 막 눈을 뜨기 시작한 영적 영역에 대한 이해를 그녀가 가지고 있다는 것이었다. 나는 이 책을 읽고 있는 모든 분들이 초자연적 계시의 세계로 들어갈 때, 그것을 도와줄 수 있는 멘토를 만나기를 기대한다. 라실리아가 꾼 하나의 꿈이 수년 동안 나의 마음을 붙잡았다.

꿈속에서, 나는 친구들(찰스와 샤론)과 같이 산속의 오두막 집에 있었다. 우리가 잠자리에 들려고 할 때, 누군가가 문을 두드렸다. 샤론이 문을 열어 주러 나갈 때, 나는 다른 방에 숨어 있을 것이라고 말했다. 만약 밖에 있는 사람들이 친구들이라면 방에서 나오고, 만약 그렇지 않다면 나는 창문을 뛰어넘어 달아나서 구조를 요청할 것이라고 말했다. 그녀가 문을 열었을 때, 군용 작업복을 입은 사람들이 들어왔다. 그들은 게슈타포처럼 집을 점거했다. 그때, 나는 잠옷 차림으로 창문을 뛰어넘었지만 그들은 창문이 열려져 있는 것을 발견했고, 내가 도망친 것을 알았다. 그들 중 몇 명이 나를 잡기 위하여 밖으로 뛰어나와서 지프차 같은 차를 탔다. 그날은 매우 깜깜한 밤이었다. 나는 혼자였고 잠옷만 입은 채로 무방비상태였다. 나를 잡기 위하여 여기저기 숲속을 뒤지는 그들의 눈이 섬뜩하게 빛을 발했다. 다행히 그들은 내가 숨어 있는 곳을 미처 발견하지 못했고, 나는 나무 사이를 헤치며 달리고 또 달렸다. 너무나 긴박한 순간이었고, 바로 뒤에서 그들이 추격해 오기 때문에 조금도 쉴 수가 없었다. 마침내, 나는 숲에서 벗어나 몇 채의 집을 보았다. 나는 내가 어떤 집에 들어가야 할 것인가를 주의 깊게 선택해야 했다. 그 집은 나를 신뢰하는 사람이 살고 있는 집이어야 했다. 내가 일단 어느 집에 들어가게 되면 나의 신분이 노출될 것이라는 것을 알고 있었기 때문이다. 또한 내가 어떤 집에 들어가면, 즉시 전화기로 달려가서 구조의 요청을 해야 했지만, 집 주인에게 상황을 설명하고 전화 사용을 허락받을 만한 시간적 여유가 없었다. 만약 내가 그렇게 한다면, 적들에게 체포당하여 구조 요청을 못하게 될 것이었다. 그러나 나는 어떤 집으로 뛰어들어갔고, 곧장 전화기로 달려가 구조를 요청하는 전화를 할 수 있었다.

내가 라실리아에게 이 꿈을 기록하였는지를 물어 보았을 때, 그녀는 나에게 말했다. "이 꿈을 꾼 지 약 15년이 지났지만, 아직도 나는 이 꿈의 모든 것을 상세하게 그리고 생생하게 기억할 수 있습니다." 이 꿈은 경고의 꿈이었다. 그것이 단지 미래에 있어서의 당신의 관계성을 경고하는 것이 아니라, 그것은 크리스천들이 새로운 차원의 박해에 직면하게 될 것이라는 것을 경고하고 있었다. 그것은 분별력과 지혜를 불러일으키는 꿈이었다. 이 꿈에 대한 매우 적절한 성경의 언급은 사무엘상 18장 14절에서 15절이다. "다윗이 그의 모든 일을 지혜롭게 행하니라 여호와께서 그와 함께 계시니라 사울은 다윗이 크게 지혜롭게 행함을 보고 그를 두려워하였으나." 사무엘상 20장 3절은 또한 다음과 같이 기록한다. "그러나 진실로 여호와의 살아 계심과 네 생명을 두고 맹세하노니 나와 죽음의 사이는 한 걸음 뿐이니라." 이 꿈은 변화하는 행정부의 역할을 드러내고 있었으며, 영적인 관점에서 교회 내의 '사울의 행정부'가 새로운 포도주 부대로 나아가는 사람들을 박해할 것이라는 것을 보여 주었다.

레베카와 나의 공동의 저서 『교회의 미래 전쟁』에서 우리가 살고 있는 시대를 이해하고 우리의 영적인 집중력을 유지하기 위하여 필요한 지침을 작성할 때, 우리는 이것에 대하여 깊은 나눔을 가졌다.

우리는 즉각적으로 서로서로 연락하는 방법을 알아야 한다. 사람들과의 관계성을 유지하고 서로서로 연락하는 것은 우리의 미래를 대비하기 위한 또 다른 열쇠이다. 하나님은 주권적으로 우리들을 관계 맺게 하시고 협력하게 하신다. 그럴 때 우리는 효과적으로 기능할 수 있다. 하나님이 당신과 관계 맺게 하신 사람이 누구인지를 찾아보라. 그리고 하나님이 당신에게 말씀하신 것을 어떻게 알 것인지 생각해 보라. 이것이 하나님의 경고 시스템이 올바르게 작동하도록 하는 것이다. 우리가 관계를 유지하는 하나의 방법은 자주 모이는 것이다. 우리는 창세기 49장에서,

야곱이 그의 아들들을 불러 모으고 그들에게 미래에 관하여 말하는 것을 볼 수 있다. 하나님은 오늘날에도 똑같은 방법으로 예언적 모임을 사용하신다. 우리가 공동체로 함께 모일 때, 하나님은 우리에게 말씀하실 것이며 우리가 개인으로서는 알 수 없는 많은 것들을 보이실 것이다. 하나님이 우리의 관계를 유지하기 위하여 일으키시는 또 다른 방법은 콜로라도스프링스에 있는 세계기도센터(World Prayer Center)와 같은 조직을 통해서다. 세계기도센터는 강하고 즉각적인 기도를 요하는 긴급한 사항들에 대한 정보를 모아서 전 세계에 있는 기도의 사람들에게 전달하기 위하여 최첨단 기술을 사용한 대화 기법을 사용하고 있다. 이것은 하나님이 미래의 추수를 위하여 그리스도의 몸을 연결하는 하나의 방식이다.[1]

와그너 사역 연구원으로 일하고 있는, 크리스틴 허만은 다음과 같은 꿈을 꾸었다.

꿈속에서, 나는 탁자가 놓인 큰방에 앉아 있었다. 방의 여기저기에서 사람들이 음식을 먹으며 담소를 나누고 있었다. 그때, 어떤 짧은 소매의 하얀 스웨터를 입은 사람이 나에게 다가와서, 하나님이 돈을 주라고 말씀하셨다고 말하며 나에게 현금을 주었다. 그는 몇 번이고 나에게 다가와서 더욱 많은 돈을 주었는데, 그가 나에게 준 돈이 얼마나 많은지는 알 수 없었다. 그가 나에게 준 돈이 얼마인지를 확인하기 위하여, 나는 의자에서 일어나 지갑을 들고 걸어 나갔다. 나의 지갑에는 100달러짜리 지폐 두 장과, 약 250달러에서 300달러에 이르는 몇 장의 지폐들이 들어 있었다. 나는 또한 그가 서명한 백지 수표도 발견하였다. 그의 이름(라리)과 그의 부인의 이름이 수표의 왼쪽 맨 위에 적혀 있었다. 또한 나는 신용카드 같은 것을 갖고 있었는데, 카드에는 그의 신용카드 정보와 라리의 서명이 있었다.

크리스틴은 이 꿈을 곧바로 다음과 같이 해석했다.

내가 수표와 신용카드 모양의 카드를 보고 있는 것은, 내가 원하는 것이 무엇이든 모든 것을 구입할 수 있으며 내가 사용할 수 있는 한도가 무제한이라는 것을 의미한다. 나는 그의 개인 수표로 나의 빚을 청산할 수 있으며, 그것은 합당한 일이다.

나는 하나님이 재정적인 어려움에 처한 사람들에게 이와 같은 꿈을 주실 것이라고 생각한다. 아마도 그들은 더욱 깊은 환상을 보게 될 것이며 하나님이 그들을 위하여 준비하신 것을 찾을 것이다.

상징에 대한 해석

성경에 기록된 대부분의 꿈들은, 하나님이 그분의 메시지를 전달하기 위하여 상당히 많은 상징을 사용하셨다. 예수님 또한 말씀을 전달하실 때에 종종 비유를 사용하는 데 많은 세월이 지났지만 이것은 바뀌지 않았다. 수많은 꿈과 환상들은 상징적인 이미지들로 가득 차 있다. 그렇기 때문에, 상징에 대한 기본적인 이해를 갖기 위해 성경에 근거한 상징의 목록과 유형들을 적은 소책자를 읽는 것은 종종 유익한 일이다[2](기본적 상징목록을 기록한 부록 참조).

달팽이와 거북이

나는 텍사스 주 맥알렌에 살고 있는 친구에 관한 꿈을 꾼 적이 있다. 꿈속에서, 내 친구는 달팽이가 가득한 오솔길을 걷고 있었다. 그런데 만약 그가 달팽이를 밟지 않는다면, 그것들은 쉿 소리를 내며 달려드는 뱀으로 변하곤 하였다. 거기에는 또한 거북이가 많이 있었는데, 내 친구가 거북이를 따라 걸으면, 그것들은 안전하게 그를 목적지까지 인도하곤 했다.

하나님이 나에게 그 꿈에 대한 해석을 보이셨을 때, 나는 그 달팽이들이 돌아서면 적이 될 수 있는 친구의 사업 동업자들을 나타낸다는 것을 알았다. 또한 하나님은 거북이를 통하여 내 친구가 성공을 하려면, 사건들을 천천히 진행할 필요가 있다는 것을 말씀하고 계셨다. 내가 이것을 나의 친구에게 말하였을 때, 그는 매우 놀랐다. 그 당시에, 서로 다른 세 가지 소송에 관련되어 있었고 거기에는 많은 '달팽이들'이 있었다. 그 꿈은 그에게 그러한 동업자들과 사업을 계속해 나가는 것에 대한 지혜를 주었다. 그가 거북이를 통한 경고에 주의를 기울이고 사건을 천천히 진행시켰기 때문에, 결국 그는 모든 소송에서 승리하고 사업에서 성공을 거두었다.

상징은 유연성을 가지고 있다

이라 밀리간은 상징의 해석에 있어서 다음과 같은 개념을 추가하였다.

거의 모든 상징들은 긍정적인 의미와 부정적인 의미를 모두 갖는다. ……(중략)……상징을 해석하는 데 있어서 가장 중요한 것은 **결코 편협된 마음을 갖지 않는** 것이다. 상징은 단어와 마찬가지로, 유연성을 가지고 있다. 우리가 꿈의 내용을 알고 꿈을 꾼 사람의 삶과 현재의 상황을 안다면, 정확하게 올바른 의미를 찾아낼 수 있을 것이다. 그러나 이러한 정보가 없다면, 우리는 단지 추측할 수 있을 뿐이다.

예를 들면, 꿈속에 나타난 개미는 근면, 현명, 부지런한 미래를 대비함, 성가심, 쏘아붙이거나 화가 나게 하는 말 등 여러 가지 다른 의미로 해석이 가능하다. 우리가 소풍을 가서 개미를 보는 꿈을 꾸었다면, 개미의 상징적 의미가 무엇이냐에 대하여 비록 그들의 부지런한 본성이 우리를 성가시게 하지만, 정황은 명백하게 '성가심' 으로 기울 것이다. 만약 먹이를 모으는 개미에 대한 꿈을 꾸었다면, 그것은 미래를 위하여 근면하고 부지런하게 준비하는 것과 직접적으로 연관이 될 것이다. 반면에, 개미에게 물리거나 쏘이는 꿈을 나타내는 단어는 '쏘아붙이거나 화가 나게 하는 말' 로 풀이하는 것이 적당할 것이다.

때때로 하나의 상징은 다른 사람들에게는 어울리지 않는, 어떤 한 사람에게만 적용되는 의미를 가지고 있다. 상징을 해석하려고 할 때, 우리가 반드시 해야 하는 첫 번째 질문은 **꿈을 꾼 사람**에게 이 상징이 무엇을 의미하는 것일까?' 이다.3)

복잡한 꿈

내가 이스라엘에 있던 1996년 봄에, 린다 하이들러 사모는 다음과 같은 꿈을 꾸었다.

꿈속에서, 나는 많은 사람들과 같이 사막에 있었는데, 바람이 심하게 불어서, 모래가 눈에 들어가고 머리가 바람에 날려 얼굴을 가리기도 했다.

우리 모두는 어떤 커다란 기계 위에 앉아 있는 여자를 보고 있었다. 그녀는 손잡이, 도르레, 기어, 버튼, 페달, 기타 등등 많은 것들이 붙어 있는 커다란 기계 뒤의 높은 의자에 앉아 있었다. 군중들은 한 사람씩 걸어 나가서 기계 앞에 서고 그 여자는 앞의 사람에게 무엇인가를 말하곤 했다. 그녀는 말을 할 때, 기계의 페달을 밟고 레버를 잡아당기고 끊임없이 계속 움직였다. 그녀는 그들이 내려놓아야 하는 것과 더욱 열심히 해야 할 것들을 말했다. 말을 하고 기계를 작동시킴에 따라 사람들은 삼각형으로 변했다. 그런 후에 그녀는 사람들을 타파웨어(Tupperware: 플라스틱 밀봉 식품 보존 용기)와 같은 투명한 플라스틱 용기에 넣고 밀봉하였다. 두 사람을 그렇게 끝마쳤을 때, 그녀는 그 두 사람을 함께 넣었는데, 용기가 육각형이 되었고 그들은 무척 행복해 보였다.

우리가 그녀를 지켜보면서, 어떤 사람들을 삼각형으로 만들려고 할 때마다 "저 사람을 삼각형으로 만들 수 있는 방법이 없어."라고 말하곤 했다. 그러나 잇달아서 그들 모두는 삼각형으로 변했다. 그리고 그녀가 육각형으로 만들려고 하는 사람들을 볼 때, 우리는 또 다시 "그 둘을 조화시킬 방법이 없어."라고 말했다. 그러나 그녀가 끝마쳤을 때, 사람들은 완벽하게 조화되고 매우 행복해 했다.

드디어 내가 그 기계 앞에 서야 할 차례가 되어 그녀가 나에게 말을 하고 그 기계를 작동하게 해야 하는 시점이 되었을 때, 그것은 정말 놀라움 그 자체였다. 그녀가 말한 모든 것은 매우 합당했다. 매우 현명하고 편협되지 않았으며 실질적이었다. 나는 그것을 사랑했다. 그녀가 끝마쳤을 때, 나는 삼각형이 되어 있었다. 그리고 그녀는 나를 타파웨어에 넣었고 밀봉했다. 그러나 나는 더 이상 모래가 날려 눈에 들어가지 않고 나의 머리카락도 휘날리지 않는다는 것 외에는 다른 어떤 것도 느낄 수 없었다. 나는 육각형이 되기 위하여 어떤 사람과 짝이 되었는지 기억할 수 없었지만, 완벽함을 느꼈다.

이것은 상징이 복잡한 꿈의 매우 좋은 예이다. 첫째, 그것은 린다의 삶과 관련성이 있다. 둘째, 그것은 나의 이스라엘 여행과도 관련성을 갖고 있다(5장에서, 바바라 웬트로빌이 꿈속에서 등장했던 꿈에 대한 설명 참조). 그리고 세 번째, 이것은 하나님의 언약과 관련된 커다란 계시를 보여 주고 있다. 위의 꿈에 대한 완전한 해석을 하기 위하여, 나는 상징들에 대한 이해와 더불어 성경을 참고했다. 나는 지혜의 말씀을 따라, 그 꿈의 해석에 도움을 주는 많은 성경 구절들을 활용한다. 다음의 사항들이 그러한 예이다.

1. **만드심** "우리는 그가 만드신 바라 그리스도 예수 안에서 선한 일을 위하여 지으심을 받은 자니 이 일은 하나님이 전에 예비하사 우리로 그 가운데서 행하게 하려 하심이니라"(엡 2:10).

2. **인치심** "그가 또한 우리에게 인치시고 보증으로 우리 마음에 성령을 주셨느니라"(고후 1:22). "하나님의 성령을 근심하게 하지 말라 그 안에서 너희가 구원의 날까지 인치심을 받았느니라"(엡 4:30).

3. **연합** "형제들아 내가 우리 주 예수 그리스도의 이름으로 너희를 권하노니 모두가 같은 말을 하고 너희 가운데 분쟁이 없이 같은 마음과 같은 뜻으로 온전히 합하라"(고전 1:10). "주와 합하는 자는 한 영이니라"(고전 6:17), "그에게서 온 몸이 각 마디를 통하여 도움을 받음으로 연결되고 결합되어 각 지체의 분량대로 역사하여 그 몸을 자라게 하며 사랑 안에서 스스로 세우느니라"(엡 4:16).

4. 변화됨 "그러므로 형제들아 내가 하나님의 모든 자비하심으로 너희를 권하노니 너희 몸을 하나님이 기뻐하시는 거룩한 산 제물로 드리라 이는 너희가 드릴 영적 예배니라 너희는 이 세대를 본받지 말고 오직 마음을 새롭게 함으로 변화를 받아 하나님의 선하시고 기뻐하시고 온전하신 뜻이 무엇인지 분별하도록 하라"(롬 12:1-2).

이 꿈에 대한 전체의 해석을 기록하기 위해서 매우 많은 지면을 할애해야 할 것이다. 그러나 이러한 성경 구절들에 따라 꿈을 해석할 때, 당신은 꿈을 어떻게 삶에 적용하는지 알게 될 것이다.

상징적 언어

우리는 잠을 잘 때, 현실의 세계와 문화로부터 분리되어진다. 그렇기 때문에, 때때로 우리가 꿈을 꿀 때 꿈속의 환경이 우리 주변의 환경보다 덜 문명화된 것처럼 보일 수 있다. 또한 꿈속에서는 우리가 깨어 있을 때보다 더욱더 현명하게 보일 수 있다. 그림과 영상과 그리고 침묵의 세계는, 우리가 깨어 있을 때는 진정으로 인식할 수 없는 그러한 곳에 존재하고 있다.

랍비 쉬멜 보티치(Rabbi Shmuel Boteach)는 자신의 저서 『꿈』(*Dreams*)에서 다음과 같이 말하고 있다.

상징적 언어는 내면의 경험, 내면의 감정, 그리고 내면의 사고가 현실 세계에서의 감각적인 경험이나 사건들인 것처럼, 꿈속에서 표현되어지는 언어이다. 그것은 우리가 깨어 있을 때 갖는 그러한 논리와는 다른 논리를 가진 언어이다. 이러한 논리에 따르면, 현실 세계에서와는 다르게, 상징적 언어는 시간과 공간의 지배를 받지 않는다. 차라리 그것은 세기와 강도, 그리고 관념의 영역에 의하여 지배를 받는다. 상징적 언어는 나름의 문법과 어법을 가진 언어이다. 다시 말하자면, 우리가 미드라쉼(Midrashim: 구약 성서에 대한 고대 유대인의 주석)과 신화와 꿈의 의미를 파악할 때 반드시 이해해야 하는 언어이다. 상징적 언어는 인류가 끊임없이 개발하여 온 하나의 범세계적인 언어이다. 그러나 그것이 현대인들에게 잊혀져 왔다. 비록 사람들이 여전히 상징적 언어로 그들의 꿈을 기록하고 있지만, 꿈을 해독하는 데에는 어려움을 겪고 있다.[4]

상징들을 핵심 단어로 대치하기

상징들이 의미하는 개념을 파악했다면, 우리는 왕의 꿈을 해석해 주는 다니엘의 예를 따를 수 있다. 다니엘은 꿈속의 메시지를 해독하기 위하여, 그 꿈속에 나타난 상징들을 단지 그 주된 의미나 핵심 단어로 대치했다. 앞에서 언급했던, 텍사스 주 맥알렌에 살고 있는 나의 친구에 대해 내가 꾸었던 꿈을 예로 들어 보자. 그는 사업 (오솔길로 나타남)을 계속 추진해 왔다. 그의 주위에는 많은 사업 동업자들(달팽이들로 나타남)이 있었고, 만약 그가 그들을 적절하게 다루지 않는다(밟는 것으로 나타남)면, 그들은 등을 돌리고 그를 공격(뱀들로 나타남)하기도 했다. 이어서, 성공(안전하게 목적지에 도착하는 것으로 나타남)하기 위하여, 그가 당시까지 사업을 진행해 오던 것보다 더욱 천천히(거북이들을 따라가는 것으로 나타남) 진행해야 한다는 것을 계시하고 있다.

그러나 다른 사람들에게 상징들을 해석해 줄 때, 우리 자신에게 적용하였던 상징의 해석을 그대로 적용해서는 안 된다는 것을 반드시 명심해야 한다.

너희의 자녀들은 예언할 것이요······

우리 아이들은 많은 꿈을 꾼다. 그리고 그 꿈의 대부분은 예언적인 의미를 가지고 있다. 우리는 아이들에게 꿈속에서 하나님의 음성을 주의 깊게 듣도록 배워 왔다. 아내와 나는, 아이들의 꿈이 선한 것이든 악한 것이든 그것을 나누고 다양한 영적 관점에서 토론하도록 했다. 몇 년 전에, 다니엘이 무장한 중국군이 우리 나라를 침공하기 위해 모여 있는 꿈을 꾸었다. 우리는 그 꿈에 대하여 많은 토론을 하였다. 우리 딸, 레베카는 그 아이가 16세 무렵에 다음과 같은 꿈을 꾸었다.

　내 친구 랜디와 나는 우리 집 차를 운전하고 있었다. 랜디가 운전을 하고 나는 조수석에 앉아 있었는데 차창 밖으로 많은 폭발의 잔해들이 보였다. 우리는 폭발이 있었던 시 외곽 지역에 있었고, 나는 20대 초반의 나이였다(내가 꿈을 꾸었던 당시의 나이보다 세 살이나 네 살이 더 많았다).
　나는 폐허의 잔해 속에서 놀고 있는 아이들을 보았다. 또한 아버지로 보이는 한 남자와 세 명의 소년들을 보았다. 그 아이들은 대략 17세와 13세와 10세 정도로 보였고 모두가 무척 닮아 있었다. 그들 네 명은 서로 손을 잡고 그 잔해들 속을 걷고 있었다. 그들이 우리 차로 다가왔을 때, 내 친구 랜디가 나를 그들에게 소개했다. 아버지로 보이는 사람이 나를 알아보고 말했다. "만나서 반가워요. 내 아내가 당신의 열렬한 팬이었지요." 그가 자신의 부인을 언급하면서 과거 시제를 사용할 때, 나는 무척 당황스러웠다. 나는 그의 큰아들에게 손을 흔들면서, 그를 전에 본 적이 있다는 느낌이 들었다. 그리고 우리는 교회에서 열리는 애찬식(Love Feast)에서 만나자고 말하며 그 자리를 떠났다.
　우리가 교회에 도착했을 때 교회 주변이 온통 폐허가 되었지만, 교회는 안전하게 그대로 남아 있었다. 나는 환영하는 사람들 속에서 내 친구 미가를 보았다. 그와 인사하기 위하여 안내 책자들이 놓여 있는 곳을 지나 갈 때, 교회 방송실에 붙어 있는 가족 사진을 보았다. 가장자리가 금테로 둘러진 세 장의 동일한 사진이었는데 내가 교회에 오면서 보았던 바로 그들의 가족 사진이었다. 첫 번째 사진 속에서, 그들은 행복하고 만족스러워 보였다. 그리고 그 사진 속에는 밝게 웃고 있는 한 여자가 있었다. 두 번째 사진에는 단지 아버지와 소년들만 있었다. 그들은 이전의 사진과 매우 다르게 보였다. 세 번째 사진에는 단지 큰아들만 있었다. 그 사진 속에서, 그는 손으로 카메라를 밀쳐 내려는 듯이 보였다. 나는 이 사진들이 왜 여기에 있는지 이해할 수가 없었다.

나는 교회에 있는 다른 친구를 만나면서, 계속하여 나의 친구 히더를 도와야 한다는 생각을 하였지만 그녀가 어디에 있는지 알 수 없었다. 계속하여 나는 대화에 집중할 수 없었고, 히더를 도와야 한다는 생각뿐이었다.

그 시점에서, 꿈 전체가 반복되었다. 세 번째로 또 다시 꿈이 반복되었을 때 상황은 더욱 안 좋게 변해 있었다. 교회에서 나는 히더를 돕기 위하여 육아실로 들어갔다. 육아실은 완전히 파괴되어 있었다. 꿈속의 이 부분에서, 나는 열 살 더 나이를 먹었고 의사였다. 나는 어떤 숙녀를 향하여, 그녀의 아이는 괜찮을 것이라고 말했다. 히더는 육아실의 반대편에 있었는데 건강해 보이는 아기를 안고 있었다. 그런데 육아실을 떠나면서 나는 다시 매우 젊어졌다. 모든 것이 파괴되지 않았고 현재와 같은 모습이었다. 나는 복도에서 나를 칭찬하고 있는 사람들을 만났다. 그리고 교회 현관에 서 있는 어머니를 보았다. 어머니는 교회에 새로운 가족이 올 것이며 그들의 어머니가 많이 아프다는 말씀을 하셨다. 그때, 바로 그 가족들이 건물 안으로 들어왔다. 그들은 내 꿈의 초반에 보았던 바로 그 가족이었다. 그 어머니는 암에 걸려 죽어가고 있었다. 나는 그 가족의 제일 큰아이에게 악수를 하면서, 우리가 전에 본 적이 있지 않느냐고 물어 보았다. 그는 그런 적이 없다고 대답했고 꿈은 끝나 버렸다.

이것은 커다란 영적 의미를 가지고 있는 매우 흥미로운 꿈이다. 이 꿈은 세 단계로 되어 있는데, 이것은 레베카와 가족의 세 단계 삶을 보여 준다. 이 꿈은 또한 세 단계의 파괴(결과적으로 미래에 회복될)와 미래의 세 단계 교회를 보여 주고 있다. 꿈이 세 번 반복되었다는 것을 상기하라. 일반적으로, 만약 어떠한 꿈이 반복된다면, 그것은 미래에 대한 매우 확실하고 중요한 계시이다. 나는 어떠한 꿈이 우리에게 매우 중요하다고 강조하며 받아들였고, 다음과 같이 말하며 예언하였다. "앞으로 다가올 참상을 두려워하지 말라. 왜냐하면, 하나님이 회복의 계획을 가지고 계시기 때문이다. 하나님은 아프고 고통받는 사람들에게 보상해 주실 것이다. 그분은 가족들을 회복시키실 것이다. 만약 우리가 하나님을 따르고 그분과 함께 기쁨을 누린다면, 우리는 항상 삶의 여정에서 성공할 것이다."

하나님의 꿈을 받기 위하여, 어떻게 준비해야 할까?

당신이 인식을 했건 그렇지 않았건, 아마도 당신은 꿈속에서 하나님의 메시지를 받은 적이 있을 것이다. 우리는 그러한 꿈들을 인식하기 위해 노력해야 한다. 다음의 사항들은 영적인 꿈을 꾸고, 그래서 하나님의 계시를 받기 위해서 우리가 준비해야 하는 실질적인 목록들이다.

1. **열린 마음을 가지라.** 하나님의 영감을 받은 꿈을 꾸는 것을 두려워하지 말라.
2. **하나님의 영을 잘 받아들일 수 있도록 침실을 정리하라.** 만약 괴물의 인형이나 위저보드와 같은 신실하지 못한 물건들이 당신의 침실에 있다면(혹은 당신의 집의 어떤 장소에), 당신이 그릇된 것에 마음을 열어 놓고 있기 때문에 하나님의 영이 자유롭게 오실 수 없을 것이다. 성령님이 당신의 침실에 임하시도록 당신이 할 수 있는 모든 것을 하라.[5]
3. **잠버릇에 대하여 생각해 보라.** 당신은 수면 부족을 느끼는가? 수면이 방해를 받는가? 종종 적들은 당신의 수면을 방해하여 하나님이 주시는 말씀을 방해하려고 할 것이다. 당신의 수면 습관을 올바르게 하여 수면을 통하여 원기를 회복하게 하라.
4. **잠들기 전에 기도하고 주님이 당신에게 말씀하시도록 간구하라. 그리고 영적인 꿈을 받을 것을 기대하라.**
5. **꿈속에서 본 것을 기록하기 위하여 머리맡에 펜과 노트를 준비하라.** 녹음테이프를 준비하는 것도 가능하다. 기억나는 모든 것을 상세하게 기록하라. 만약 꿈속의 내용을 기억할 수 있다면, 거기에는 어떤 이

유가 있을지도 모른다. 주변 상황, 진행 과정, 상징, 색채, 등장하는 사람들, 기타 등등 당신이 기억할 수 있는 모든 것을 기록하라. 또한, 만약 꿈의 장면이 바뀌었다면, 계속되는 하나의 꿈으로 기록하라. 비록 다른 장면들이더라도 그것들은 모두 하나의 메시지일 수 있기 때문이다. 꿈을 기록하는 일지를 만들고 나중에 그것을 참고하는 것은 매우 훌륭한 방법이다. 종종 하나님은 메시지를 전달하기 위하여 연속적인 꿈을 사용하시기도 하신다. 일지를 만드는 것과 같은 방법이 없다면, 하나님이 말씀하시는 모든 것을 이해하지 못할 수도 있다.

6. **꿈의 내용을 기억할 수 있도록 하나님께 간구하라.** 꿈은 사라져 버린다. 욥기 20장 8절은 다음과 같이 말하고 있다. "그는 꿈 같이 지나가니 다시 찾을 수 없을 것이요 밤에 보이는 환상처럼 사라지리라." 대체로 당신이 꿈을 명확하게 기억할 수 있는 시간은 매우 짧다. 또한 우리는 꿈에 대한 진정한 가치를 이해하지 못하기 때문에 그것을 기억하도록 훈련되어지지 않았다. 물론, 우리의 꿈을 전혀 기억할 수 없는 때도 있을 것이다. 그러나 하나님은 우리가 꿈을 기억하도록 도우신다.

7. **깨어났을 때 꿈을 기록하기 위하여, 그리고 주님께 묵상하기 위하여, 약간의 시간을 가지라.** 대체로 당신이 꿈을 명확하게 기억할 수 있는 시간은 매우 짧기 때문에, 잠에서 깬 후 침대에서 일어나는 시간 사이에 밤에 주님이 주신 말씀을 묵상하기 위하여 약 30분간의 시간을 가질 것을 권유한다. 이 시간은 하나님께 꿈에 대한 해석을 간구할 수

있는 아주 좋은 시간이다.

8. 당신의 삶에 주신 예언적 말씀이나 혹은 성령의 영감으로 받은 계시에 응답하는 것과 동일한 방법으로, 꿈을 통하여 하나님이 주신 계시에 응답하기로 결심하라. 이 책을 통하여 우리가 확인한 바와 같이, 하나님의 모든 계시는 당신의 응답을 요구한다.

WHEN GOD SPEAKS

CHAPTER 7

내가 내 말을 지켜
그대로 이루려함이니라

전에는 네가 버림을 당하며 미움을 당하였으므로
네게로 가는 자가 없었으나
이제는 내가 너를 영원한 아름다움과 대대의 기쁨이 되게 하리니······.
나 여호와는 네 구원자, 네 구속자, 야곱의 전능자인 줄 알리라······.
네 국경 안에 다시 없을 것이며 네가 네 성벽을 구원이라,
네 성문을 찬송이라 부를 것이라······.
네 백성이 다 의롭게 되어······.
그 작은 자가 천 명을 이루겠고
그 약한 자가 강국을 이룰 것이라 때가 되면
나 여호와가 속히 이루리라
이사야 60:15-22

*God Is Ready to
Perform His Word!*

하나님의 음성을 들을 때, 우리는 하나님 안에서 기대감을 가져야 한다. 레베카와 나는, 우리의 저서 『최선은 이미 놓여져 있다』에서, '미래'와 '기대감'은 동의어라고 설명하였다. 미래는 하나님의 역사하심에 대한 기대감과 연결되어 있다. 지금은 교회가 기대 수준을 새롭게 하고 또 다른 단계로 도약하게 하는 시기이다. 이러한 기대가 우리의 삶에서 일어나도록 훌륭한 기도의 모범이 되는 이사야 59장과 60장 말씀을 보라. 희망은 승화되어야 하고 믿음으로 나아가야 한다. 믿음은 고난과 역경을 극복하게 하고, 하나님의 권능과 하나님의 약속이 드러나게 한다.

그러므로 너는 대언하여 그들에게 이르기를 주 여호와께서 이같이 말씀하시기를 내 백성들아 내가 너희 무덤을 열고 너희로 거기에서 나오게 하고 이스라엘 땅으로 들어가게 하리라 내 백성들아 내가 너희 무덤을 열고 너희로 거기에서 나오게 한즉 너희는 내가 여호와인 줄을 알리라 내가 또 내 영을 너희 속에 두어 너희가 살아나게 하고 내가 또 너희를 너희 고국 땅에 두리니 나 여호와가 이 일을 말하고 이룬 줄을 너희가 알리라 여호와의 말씀이니라(겔 37:12-14).

"내가 또 너희를 너희 고국 땅에 두리니"라는 문장은, 에스겔 36장에서 하나님이 말씀하신, "그러나 너희 이스라엘 산들아 너희는 가지를 내고 내 백성 이스라엘을 위하여 열매를 맺으리니 그들이 올 때가 가까이 이르렀음이라"(겔 36:8)라는 말씀에 대한 예언적 성취였다. 하나님의 말씀이 제자리로 돌아온 것이다. 우리가 앞서 2장에서 설명한 바와 같이, 에스겔이 하나님의 말씀의 성취를 보기 위해서는, 동의와 예언에 관한 4단계가 필요하다. 뼈들이 함께 모인 후에 에스겔이 앞으로 나아가는 것을 멈추었다면 어떠했을까? 그 뼈들에 숨이 불어넣어졌을까? 이것이 바로 그리스도의 몸 안에서 우리가 하기 쉬운 실수이다. 우리는 하나님이 예언하시는 것을 들었다고 생각한다. 그러나 모든 것이 우리가 생각하는 대로 이루어지지 않을 때, 우리는 너무나 쉽게 포기하여 하나님의 예언적인 운명(목적지)에 도달하기도 전에 끝나 버린다. 따라서 우리는 하나님의 말씀이 성취되는 것을 볼 수 없다. 에스겔이 끝까지 예언을 함에 따라, 부활의 권능이 나와 무덤이 열렸고 이스라엘 백성은 고국 땅에 돌아왔다.

나는 다음의 성경 구절을 좋아한다. "나 여호와가 이 일을 말하고 이룬 줄을 너희가 알리라 여호와의 말씀이니라"(겔 37:14). 우리의 삶 속에서, 하나님의 언약이 주어지는 것과 그 언약이 우리의 삶 속에서 성취되는 것은 다른 일이다. 우리는 쉽게 포기하는 사람이 되어서는 안 된다. 우리 하나님의 사람들에게는 좌절이 없다. 만약 우리가 뒤로 물러서지 않고 예언의 더 높은 단계를 위하여 계속하여 앞으로 나아간다면, 하나님은 우리 안에서 당신의 뜻을 성취할 것이며 예언적 성취를 가져올 것이다.

예레미야 1장에서, 하나님께서 예레미야를 부르시고 변화와 경고를 통하여 회복하게 하시는 것을 볼 수 있다. 예레미야 1장 11절과 12절 말씀은, 우리가 다음 단계를 위하여 앞으로 나아갈 때 하나님이 하시는 말씀이라고 요약할 수 있다.

> 여호와의 말씀이 또 내게 임하니라 이르시되 예레미야야 네가 무엇을 보느냐 하시매 내가 대답하되 내가 살구나무 가지를 보나이다 여호와께서 내게 이르시되 네가 잘 보았도다 이는 내가 내 말을 지켜 그대로 이루려 함이라 하시니라.

아마도 이러한 성구들은, 우리의 삶에 대한 주님의 계획들을 성취하도록 기도하게 할 것이고 하나님께서 성취시킬 것을 신뢰하게 할 것이다.

주님은 우리의 눈을 뜨게 하신다!

'네가 무엇을 보느냐?'라는 물음은, 성경 전반에 걸쳐 하나님이 하나님의 사람들에게 질문을 하실 때마다 나타난다. 누가복음 2장에서, 예수님이 태어나시고 하나님의 영광이 땅 위를 비추실 때, 밤중에 들에서 양들을 지키던 목자들이 놀라고 심지어 두려워하였다. 그때 하나님의 천사가 그들에게 내려와서, "무서워하지 말라 큰 기쁨이 땅 위에 내려왔다"고 말했다. 바꾸어 말하면, "기뻐하라. 너희들을 구속하실 권능이 지금 땅 위에 내려오셨다"라고 하셨다.

홀연히 수많은 천군이 그 천사들과 함께 하나님을 찬송하였다. 천사들이 떠나 하늘로 올라가 목자가 서로 말하되, "이제 베들레헴으로 가서 주께서 우리에게 알리신 바 이 이루어진 일을 보자"라고, 마리아와 요셉과 구유에 누인 아기를 찾아서 보고 천사가 자기들에게 이 아기에 대하여 말한 것을 전했다(눅 2:8-17 참조).

장차, 주님의 영광이 드러날 때가 올 것이다. 두려워 말라. 천군과 천사가 찬송하는 것을 보라. 당신의 소명이 드러나는 것을 보라! 당신의 기쁨이 회복되는 것을 보라! 다시 한번 당신의 삶이 변화되는 것을 보라! 그리고 기꺼이 선언하라. "하나님이 역사하신다!"

주님은 가지이시라

"내가 살구나무 가지를 보나이다." 예레미야가 주님께 대답하였다. 가지는 왕권과 번영의 상징이다(단 11:7; 욥 8:16). 주님은 의롭고 아름다운 그 '가지'로 묘사되었다(사 4:2; 렘 23:5; 슥 3:8; 6:12). 가지는 가지들을 낳는다. 우리는 포도나무가지이다(요 15:5-6 참조).

종려나무, 화석류나무, 버드나무 등의 가지들은, 초막절에 초막을 짓기 위해 의례적으로 사용되어졌다(느 8:15 참조). 이것은, 우리가 땅 위에서 하나님의 영광에 참여함으로써, 예수님의 가지로서 안전막을 형성하여 서로서로를 감싸 준다는 것을 상징적으로 보여 주고 있다. 가지이신 하나님을 믿는 사람들은 영원할 것이다.

> 주님이 당신에게 말씀하실 때,
> 당신은 깨어 있어야 하고,
> 당신의 삶이 쓰임 받도록 준비해야 한다.
> 새로운 개화를 준비하라!

"내가 살구나무 가지를 보나이다"라는 예레미야의 대답으로 되돌아가자. 살구나무는 제일 먼저 꽃을 피우는 나무라는 데 의미가 있다. 그것은 또한 야곱의 양 떼들이 새끼를 배게 하여 그 수를 늘리기 위한 방편으로 사용되었다(창 30:38 참조). 이것은 예물로서 주어지는 가장 훌륭한 땅의 소산 중의 하나이다(창 43:11 참조). 아론의 지팡이에 움이 돋고 순이 나고 꽃이 피어서 살구 열매가 열렸는데, 이것은 제사장이 나올 것이라는 것을 의미했다(민 17:8 참조). 일찍 피는 살구나무의 하얀 꽃은 지혜를 의미하는 백발과 연결된다. 예레미야가 살구나무를 보았을 때, 그것은 봄이 오고 있다는 것을 의미했다. 또한 '깨어서 준비하라'는 것을 상징한다. 주님이 말씀하실 때, 당신은 깨어 있어야 하고 당신의 삶이 쓰임받도록 준비해야 한다. 새로운 개화를 준비하라! 가지치기를 두려워하지 말라! 당신이 가지를 치고 열매를 맺도록 가지이신 예수님이 오셨다. 이 말을 당신의 삶에 선포하라.

주님은 영광을 확언하시러 오셨다

하나님의 언약은 '예'이고 '아멘'이다. 하나님이 우리에게 보이시려는 것을 우리가 본다면, 그분이 우리의 깊은 곳에 '예'라는 단어를 품게 하실 것이다. 하나님의 확언은 '호의'라는 것과 연결된다. 우리에 대한 하나님의 호의는, 우리에게 영광과 소망과 기쁨을 경험하게 한다. 우리가 하나님의 인도를 받고 그에 따라 나아갈 때, 하나님은 기뻐하신다.

호의는 또한 하나님의 영광을 드러내심과 연결된다. 하나님의 영광(히브리어로 chabod〈카보드〉)은 그분의 위엄을 의미한다. 우리가 그분의 거룩하심, 광채, 권능, 부, 권위, 웅장함, 존엄, 광대함, 명성, 그리고 뛰어나심을 체험할 때 하나님의 영광을 경험하는 것이다. 그분의 뜻을 알고 그분의 영광을 경험하는 것은 단순함, 변덕, 공허함, 그리고 모든 것이 덧없다는 우리의 사고 방식을 깨부순다. 우리가 하나님의 뜻과 영광을 경험하면, 하나님께서 말씀하시는 것을 들을 것이다. '하나님과 함께함으로 불가능이란 없다.' 하나님에 대한 확신은 그분의 영광을 보게 한다.

주님은 '스스로 있는 자' 이셨고 '스스로 있는 자' 이시다

'자존자(自存者)'는 출애굽기 3장 13절부터 14절에서 모세의 질문에 대한 하나님의 대답이다. 이것은 '스스로 있는 자'라는 의미이다. 즉, '나는 나로서 존재한다' 혹은 '나는 나 스스로 존재한다'라는 의미이다. 하나님의 대답은 어떤 형태로든 하나님을 하나님이라는 이름으로 제한할 수 없다는 의미이다. 하나님은 존재와 행위에 있어서 그분의 뜻과 같이 항상 자유로운 분이시라는 확증이다.

신약 성서의 여러 구절에서 나타나는, 예수님의 '스스로 있는 자'라는 대답은 '나는 그분이다'라는 단순한 정의 이상의 의미를 갖는다. 마가복음 6장 50절의 '스스로 있는 자'라는 의미는 '나는 예수이며 유령이 아니다'라는 의미이다. 그것은 "홀로 바다 물결을 밟으시는"(욥 9:8; 막 6:48-49 참조). 그리고 물결을 잔잔하게 하시는 (시 107:28-29 참조; 막 4:39 비교) 거룩한 '스스로 있는 자'이시라는 것을 의미한다. 요한복음 8장 24절은 '스스로 있는 자'이신 예수님이, 우리들의 영원한 삶과 죽음에 관한 문제라는 것을 이해하게 한다. "너희가 만일 내가 그인 줄 믿지 아니하면 너희 죄 가운데서 죽으리라."

우리들 대부분은 '스스로 있는 자'라는 그분의 진정한 정체성이 우리에게 의미하는 것을 결코 인식하지 못한다.

'스스로 있는 자'는 **여호와**(*Jeh boh' vuh*)시라. 그분을 '주님'으로 선포하라.

'스스로 있는 자'는 **여호와 이레**(*Jeh boh' vuh-ji rehh*)시라. 선포하라, "야훼가 준비할 것이다."(창 22:14 참조). 이것은 하나님께서 이삭을 대신하여 바칠 산 제물인 수양을 준비하여 주신 장소에 아브라함이 붙인 이름이다. 주님은 아브라함에게 그분이 준비하신 것을 보이셨다.

'스스로 있는 자'는 **여호와 라파**(*Jeh boh' vuh-ray' fuh*)시라. 선포하

라, "하나님은 치유의 하나님이시라." 출애굽기 15장에서, 하나님은 이스라엘의 아이들을 치유하셨다. 그러므로 그들은 하나님의 언약으로 나아갈 수 있었다. 그분은 진정으로 말씀하고 계신다. "너희에게는 치유자가 필요하다. '스스로 있는 자' 가 바로 치유자이니라."

'스스로 있는 자' 는 **여호와 닛시**(Jeh hoh' vuh-nihs' si)이시라. 선포하라, "야훼는 나의 표상이라." 모세는, 아말렉 사람들을 물리친 후에, 여호와를 표상이라고 선언하고 그분의 제단을 쌓았다(출 17:15 참조). 이 명칭은 구원과 기적에 연결된다.

'스스로 있는 자' 는 **여호와 샬롬**(Jeh hoh' vuh-shah luhm)이시라. 선언하라, "야훼는 평강이라." 기드온은 평강의 하나님께 제단을 쌓았다(삿 6:24 참조). '스스로 있는 자' 는 당신을 완전하게 하실 수 있는 분이시다. 기드온이 하나님의 이러한 성품을 이해했을 때, 그분은 적들에 대항하여 싸우셨다. '스스로 있는 자' 는 당신의 적들을 물리칠 수 있는 전략이시다.

'스스로 있는 자' 는 **여호와 샴마**(Jeh hoh' vuh-shuhm' maw)시라. 선포하라, "여호와께서 거기 계시다." 예루살렘에 대한 에스겔의 환상은 이 명칭에 의하여 알려졌다. 이사야 60장 19절에서 20절과 요한계시록 21장 3절을 비교해 보라. 그분의 임재를 깨닫고, 느끼고, 인식하라.

'스스로 있는 자' 는 **여호와 시케뉴**(Jeh hoh' vuh-tsihd kee' new)시라. 선포하라, "여호와는 우리의 의라"(렘 23:6; 33:16 참조). 이 명칭은, 그분의 백성을 이끌어 의를 행하도록 하고, 그리하여 평안을 가져 오고 예루살렘을 회복하실, 미래의 다윗 자손에서 나올 왕에게 붙여진 명칭이다. 당신은 그리스도 예수 안에서 하나님의 공의이다.

평강의 왕이신 '스스로 있는 자'를 알라

평강은 고요하고 평안하고 안정된 상태이다. 평강은 갈등이 없는 평온함이다. 평강은 몸과 혼과 그리고 영의 온전함이며 완벽한 행복이다. 평강은 하나님과 인간의 조화로운 관계, 사람과 사람 사이의 관계, 그리고 국가와 가족의 관계성에 있어서 조화로움을 의미한다. 평강의 왕이신 예수님은 그분을 믿고 찾는 사람들에게 평강을 주신다.

누가복음 1장 79절에서 80절의 "어둠과 죽음의 그늘에 앉은 자에게 빛을 비치고 우리 발을 평강의 길로 인도하시로다 하니라 아이가 자라며 심령이 강하여지며"라는 말씀을 이루시기 위하여 오셨다고 적고 있다. 나는 이것이 우리 삶 속에 계시는 평강의 왕의 뜻이라는 것을 믿는다. 마태복음 10장 34절은 다음과 같이 적고 있다. "내가 세상에 화평을 주러 온 줄로 생각하지 말라 화평이 아니요 검을 주러 왔노라." 이 두 가지 말씀은 서로 반대되는 것처럼 보인다. 그러나 주님이 말씀하시고 있는 것은 '너의 삶을 향한 **나의** 선의로부터 너를 혼란스럽게 하는 모든 속된 끈을 잘라버리라. 나는 네게 평강이 충만하여 온전해지기를 갈망한다. 너의 완전성을 방해하고 나의 언약을 방해하는 그 모든 것들을 내가 잘라버리게 하라' 이다.

하나님은 그분의 말씀을 이루실 준비를 마치셨다!

하나님은 준비하고 계신다. 하나님은 우리를 지켜보고 계시고, 깨우고 계시고, 재촉하고 계신다. 그리고 땅 위에 있는 그의 백성과 연합할 시기와 우리의 중심에 그분의 뜻을 드러내실 시기를 예측하고 계신다. 준비하고 계시다는 것은, 초자연적 하늘 문을 열고 그분의 뜻을 땅 위에 쏟아 부으시기 위하여 끊임없이 주의 깊게 지켜 보시고 계신다는 것을 의미한다. 또한 새로운 방식으로 우리를 돌보실 기회를 찾고 계신다는 것, 그분의 청사진을 땅 위에 건설하고 뿌리 내리게 하기 위하여 지켜 보신다는 것을 의미한다.

하나님이 그분의 아들을 당신에게 보내시려고 준비하실 때, 그분은 예수님의 탄생을 위하여 이미 일련의 사건들을 예비하고 준비하기 시작하셨다. 하나님은 당신의 삶에 있어서도 동일하게 행하신다. 예정된 사건들을 경계하라. 그분이 당신을 지켜보고 계신다는 것을 확실하게 믿으라. 그분이 당신을 위하여 하늘 문을 여실 때, 당신은 자유와 승리와 영광의 새로운 영역으로 들어갈 수 있도록 항상 깨어 있어 준비하라.

당신이 하나님 안에 거하시면, 하나님은 당신의 삶 속에서 그분의 뜻을 확인하시고, 그분의 뜻을 성취하실 것이며, 그리고 계속하여 당신을 하나님의 완전한 계획으로 인도하실 것이다. 하나님은 어려움과 역경을 이겨내도록 할 것이며, 그리고 하나님이 당신의 삶에 예비하신 궁극적인 승리로 나아가지 못하도록 방해하는 적들에게 대항할 능력을 주실 것이다.

이룬다는 것은 격려하고, 강화하고, 계속하고, 성취하고, 나아가고, 약속하는 것을 의미한다. 또한 우리가 하나님이 예비하신 삶을 살고 하나님 앞에 산 제물을 드림으로써 그분의 임재와 그분의 권능을 느끼며 하나님이 우리에게 근면의 능력을 주신다는 것을 의미한다. 이룬다는 것은 군사를 소집하고 싸우고, 그리고 앞으로 닥칠 전쟁을 기다리는 것을 의미한다. 기다리는 가운데 하나님은 우리를 도우러 오시며, 우리의 삶 속에 그분의 사랑과 권능을 보이신다. 그분은 말씀을 이루실 때 당신을 채우시고 마치시고 지배하시고, 그리고 당신의 목적을 성취하기 위하여 우리에게 필요한 것을 주신다.

주께서 하신 말씀이 반드시 이루어지리라고 믿은 그 여자에게 복이 있도다 (눅 1:45).

우리 조상을 긍휼히 여기시며 그 거룩한 언약을 기억하셨으니(눅 1:72).

약속하신 그것을 또한 능히 이루실 줄을 확신하였으니(롬 4:21).

너희 안에서 착한 일을 시작하신 이가 그리스도 예수의 날까지 이루실 줄을 우리는 확신하노라(빌 1:6).

그분의 말씀은 성취될 것이다! 그분이 당신의 삶을 이끄시도록 하라. 당신 자신의 이룸을 내려놓고 그분께로 나아가라!

글을 마치며……

이 책이, 하나님이 말씀하시는 때를 분별하도록 돕고 당신의 삶 속에서 하나님의 음성을 듣는 것을 도울 수 있기를 기대한다. 하나님의 말씀 듣기를 사모하고 우리의 삶을 향하신 하나님의 뜻에 순종하도록 축복하소서! 우리는 당신이 새로운 방식으로 하나님의 말씀 듣기를 진심으로 기도한다.

WHEN GOD SPEAKS

부록

꿈을 어떻게 해석할 것인가

다음의 많은 상징들은 긍정적이거나 부정적인 상반된 해석을 하고 있다.
이 목록은 단지 안내서로서의 의미가 있다.
상징은 항상 꿈과 비전과 상황에 비추어 해석되어야 하므로
당사자에게 의미하는 바는 성령님의 인도에 따라 해석되어야 한다.

Dream Symbol Interpretation

숫자

1 유일, 하나님, 시작, 1등, 상류 사회, 예배, 새로운 것

2 분할, 재판관, 갈라지다, 분별하다, 협정, 증거; 합일(둘이 하나 되는 것)

3 삼위일체, 신성, 순종하다, 복종하다, 복사하다, 모방하다, 비슷함, 전통, 완성, 완전하게 하다, 증언; 그리스도의 육체적 부활이 그의 제자들과 연결된

4 대지(사면 팔방, 네 모퉁이), 통치, 지배, 왕국, 창조; 구원받지 못했거나 세속적인 사람; 영역

5 은혜, 구속(救贖), 속죄, 생명, 십자가, 관리(다섯 가지 은사), 사역, 봉사, 속박(빚, 병, 공포증 등등을 포함), 세금, 감옥, 죄, 운동

6 인간, 짐승, 사탄, 육체, 육체의, 우상; 죄가 나타남

7 완벽한, 모든, 완성된, 휴식, 완전

8 제거하다(옛 자아를 버리다), 성화, 증명하다, 밝히다, 새로운 시작, 부활, 죽다, 죽음; 물건들을 새로 구입함

9 성령의 현시(顯示), 추수, 열매 맺음, 결실, 자식, 결말, 충만; 완전 혹은 종교적인 완벽

10 심판, 재판, 시험, 유혹, 법, 관습, 정치, 부활, 책임, 십일조; 적그리스도의 나라; 증언

11 자비, 끝, 마지막, 종점, 불완전, 분열, 붕괴, 무법, 무질서, 적그리스도; 심판

12 결합한, 연합한, 다스리다, 정치, 감독, 사도의 충분함, 하나님의 성시(聖市), 통치의 완벽

13 반란, 타락, 배교(背敎), 혁명, 거절, 두 배의 축복, 두 배의 저주; 타락

14 유월절, 두 배, 휴양하다, 생식하다, 제자, 종, 노예, 피고용인, 해방 혹은 구원

15 석방하다, 은혜, 자유, 죄를 감추는, 명예, 휴식

16 영혼이 자유로운, 무한의, 무법의, 무죄의, 구원; 사랑

17 성령님의 명령, 불완전한, 미숙한, 미발달의, 어린이 같은; 승리

18 취하다(그리스도의 참뜻을 따르는 것과 같은), 심판, 파괴, 포로, 정복하다; 속박

19 불모의, 부끄러워, 회개의, 무욕, 독선적이지 않은; 믿음

20 거룩한, 믿을 수 있고 입증된, 믿을 만하고 근거가 있는 요구; 대속

21 엄청난 죄의

22 빛

23 죽음

24 성직자의 교육 과정, 통치의 완벽

25 죄의 용서

26	그리스도의 복음
27	복음을 설교함
28	영생
29	출발
30	봉헌, 성직자가 되기 위한 성숙기
32	언약
33	약속
34	예수님의 이름으로
35	희망
36	적
37	하나님의 말씀
38	노예 신세
39	질병
40	시련, 시험, 승리의 끝 혹은 패배; 고난
42	이스라엘의 압제, 그리스도의 강림
45	보존
50	오순절, 자유, 해방, 희년(禧年); 성령
60	자존심
66	우상 숭배
70	증가하기 이전의, 다수; 보편성, 이스라엘과 그 복원
75	분리, 죄를 씻음, 재계(齋戒)
100	충만, 가득 찬 분량, 최고의 보상, 풍부한 보상; 축복의 하나님의 선택, 약속의 어린이
109	부활절; 주일
120	모든 육욕의 끝, 성령님과 함께 하는 삶의 시작; 시련의 거룩한 시대

- **144** 하나님의 마지막 창조와 대속; 성령님이 인도하시는 삶
- **153** 하나님의 선민(選民)들, 부흥, 수확, 추수; 열매의 결실
- **200** 불충분
- **600** 전쟁
- **666** 적그리스도, 사탄, 지옥의 망령들의 표시, 적그리스도인 사람의 표시; 적그리스도의 숫자
- **888** 제일 먼저 부활하는 그리스도인들
- **1000** 성숙, 최고의 수준, 성숙한 예배, 현명한 심판; 신의 완벽함과 하나님의 영광

색깔

황갈색(Amber) 하나님의 영광

검정색(Black) 부족, 죄, 무지, 슬픔, 애도, 우울한, 불길한, 나쁜 징조의, 타버린, 죽음

파란색(Blue) 성령의, 신성한, 계시, 고난, 권위, 성령, 우울한(비관적으로 느끼는 것과 같은), 남자 아이, 희망; 중간 혹은 짙은 청색은 하나님의 영이나 말씀, 은혜, 치유, 호의; 아주 밝은 청색은 인간의 심령, 나쁜 영, 타락하다

갈색(Brown) 죽음(식물 인간과 같은), 회개의, 다시 태어난, 영이 없는

진홍색(Crimson) 피의 속죄, 희생, 죽음

회색(Gray) 명백하지 않은, 막연한, 명확하지 않은, 모호한, 사기, 불명료한, 교활한, 그릇된 교리; 회색 머리는 지혜, 노령 혹은 허약

녹색(Green) 생명, 지명적인, 육제, 육제의, 실부, 경험이 없는, 미숙한 갱신; 상록수는 영생 혹은 불멸

오렌지색(Orange)	위험, 큰 위험, 해악; 일반적인 색의 배합은 오렌지와 검정색인데, 그 배합은 보통 큰 재난 혹은 위험; 밝거나 붉은 오렌지색은 능력, 힘, 에너지
분홍색(Pink)	육체, 관능적인, 부도덕한, 정신적인(육체의 마음이라는 의미에서); 순결한, 여자 아이
보라색(Purple)	왕의, 왕위, 지배(선한 혹은 악한), 위엄 있는, 귀족
빨간색(Red)	열정, 감정, 분노, 증오, 욕망, 죄, 열의, 열중, 전쟁, 유혈, 죽음
흰색(White)	순수한, 혼합되지 않은, 빛, 정의, 하나님의 거룩함, 그리스도, 천사 혹은 그리스도인, 죄가 없는, 순결
노란색(Yellow)	은사, 결혼, 가족, 명예, 거짓 은사, 겁, 공포, 비겁

피조물

악어(Alligator) 옛날의, 과거의 악(대대로 내려오거나 자신의 죄를 통한), 위험한, 파괴, 악령

개미(Ant) 근면, 현명한, 부지런한, 미래를 대비하다, 성가심, 쏘아붙임, 화나게 하는 말

당나귀(Ass-donkey) 신분이 낮음, 끈기, 힘, 인내, 봉사

노새(Ass-wild mule) 길들여지지 않은 인성, 고집 센, 제멋대로 구는, 강인한, 타락한, 불쾌한 불신

박쥐(Bat) 마법, 불안정한, 변덕스러운, 공포

곰(Bear) 파괴자, 불길한 저주(금전적 손실 혹은 고초를 포함하여 대대로 내려오거나 자신의 죄를 통한), 경제적 손실, 위험한, 대항, 사악한, 간교한, 잔인한, 거센, 사나운

해리(Beaver) 근면한, 바쁜, 부지런한, 영리한, 재치 있는

꿀벌(Bees) 단맛을 만들어내다, 찌르는 힘, 사람들의 주인, 고통, 참견 잘하는 사람, 잡담

새(Bird) 영, 성령, 악마, 사람, 잡담, 서신; (까마귀, 비둘기, 독수리, 올빼미, 독수리 참조)

황소(Bull) 고발, 영적 전쟁, 대항, 비난, 중상, 위협, 경제적 증가

나비(Butterfly) 자유, 경솔한, 부서지기 쉬운, 일시적인 영화

암소(Calf) 증가, 번영, 우상 숭배, 그릇된 예배, 완고, 기도, 찬양, 삼사의 기노, 확대(예를 들어 암소가 마구산에서 뛰쳐나올 때)

낙타(Camel) 짐꾼, 노예, 인내, 긴 여행, 우아하지 않은

고양이(Cat)	제멋대로의, 훈련할 수 없는, 약탈자, 불결한 영, 황홀한 매력, 비밀의, 남을 속이는, 교활한, 사기, 자기연민, 개인적으로 가장 좋아하는 문맥에서 무언가 소중한
병아리(Chicken)	두려움, 소심; 암탉은 보호, 잡담, 모성애를, 수탉은 자랑, 허풍떨기, 뽐내기를, 병아리는 무방비의, 순결함
까마귀(Crow-raven)	혼동, 솔직한, 시기, 다툼, 똑바른 길, 불결함을 작동하는, 정의 혹은 준비에 대한 하나님의 일꾼
사슴(Deer)	우아한, 재빠른, 넘어지지 않는, 기민한, 소심한
개(Dog)	다툼, 싸움, 위반, 불결한 영, 불신자들; 애완견은 조금 귀중하며, 친구, 성실함을, 개가 꼬리를 흔들면 동반자, 승낙을, 개가 물면 선을 악으로 갚고, 배신하거나 달갑지 않은 것을, 짖는 개는 경고나 끊임없는 성가심이나 불쾌감을 받음을, 개가 사냥감을 끌면 완고함과 강박관념을, 광견병에 걸린 개는 마음을 모아 악을 쫓거나 전염되기 쉬운 악이나 박해와 큰 위험에 처함을, 불독은 굽히지 않는 완고함을, 집 나간 개는 경비원, 연장자, 성직(좋거나 나쁜), 경계, 주의함
비둘기(Dove)	성령, 온순, 희생
용(Dragon)	사탄, 악령들, 적그리스도의 세력들
독수리(Eagle)	지도자, 선지자(진짜 혹은 가짜), 성직자, 악랄한 약탈자, 마법사, 힘, 날쌘
코끼리(Elephant)	정복할 수 없거나 뻔뻔스러움, 쉽게 범하지 않는,

물고기(Fish)	강력한, 큰 인간의 영혼들(깨끗하기도 하고 불결하기도 한), 인격, 동기
여우(Fox)	교활, 사기, 약삭빠른, 거짓 선지자, 사악한 지도자, 숨겨진 죄, 간교하고 사악한 사람들
개구리(Frog)	악마, 마법, 저주, 나쁜 말, 부풀어오르다, 불결한
염소(Goat)	죄인, 불신, 완고한, 논쟁을 좋아하는, 소극적인 사람, 고발자, 사탄
매(Hawk)	약탈자, 마법사, 악령, 전사, 불결한
말(Horse)	힘, 신속함, 권력, 영적 지지, 육체의 힘, 영적 전쟁, 나이
사자(Lion)	지배, 그리스도, 왕, 장엄한, 대담한, 권력, 사탄, 종교적 관습, 용기, 왕권
생쥐(Mice)	휩쓰는 것, 저주, 재앙, 소심한
원숭이(Monkey)	어리석음, 들러붙는, 해악, 부정직, 몰두
모기(Moth)	악화, 파괴적인, 거짓의, 간파되지 않은 근심, 타락
올빼미(Owl)	신중한, 지혜, 악마, 저주, 밤도둑
돼지(Pig)	무시, 위선, 종교적 불신자들, 불결한 사람들, 이기적인, 게걸스럽게 먹는, 사악한, 복수심에 불타는
토끼(Rabbit)	증대, 급성장, 증가, 산토끼는 사탄과 사탄의 악령들
너구리(Raccoon)	해악, 야간 레이더, 악당, 도둑, 불한당, 거짓의
쥐(Rat)	불결한, 사악한 사람, 바보, 게걸스럽게 먹는 사람, 재앙, 배신자
잉어(Roach)	떼지어 엄습함, 불결한 영들, 숨겨진 죄
전갈(Scorpion)	죄성, 육욕, 유혹, 사기, 비난, 파괴, 위험한, 채찍

뱀(Serpent-Snake)	저주, 악마, 사기, 위협, 위험한, 증오, 중상, 마법, 지혜
양(Sheep)	노래, 하나님의 사람들, 순결한
거미(Spider)	사악, 죄, 사기, 잘못된 신조, 유혹; 거미줄은 속임수나 거짓
호랑이(Tiger)	위험한, 강력한 성직자(선과 악 둘다)
독수리(Vulture)	넝마주의, 불결한, 순결하지 않은, 사악한 사람 혹은 널리 만물을 내다보는, 악한 기회를 기다리고 있는
이리(Wolf)	약탈자, 게걸스럽게 먹는 사람, 거짓 선지자, 개인의 이득, 사악하고 거짓 교사들, 하나님의 신자들을 파괴하는 자

그밖의 것

신 것(Acid)	모진, 불쾌한 것, 원한 품기, 증오, 비꿈
사과(Apples)	과일, 논쟁, 죄, 유혹, 평가, 성령의 열매
팔(Arm)	강함 혹은 약함, 구세주, 전달자, 도움을 주는 자, 원조, 내밀다, 치는 사람
유골(Ashes)	기억, 후회, 폐허, 파괴
자동차(Automobile)	생명, 사람, 성직자
가을(Autumn)	결과, 완성, 변화, 후회
아기(Baby)	새로운 시작, 새로운 생각, 의존하는, 무력한, 순결한, 죄
침대(Bed)	휴식, 구원, 묵상, 친밀함, 평화, 언약(결혼, 자연적 혹은 악한), 자력으로 성공한
자전거(Bicycle)	업무, 육체적인 일, 율법주의, 독선, 인생의 고달픔을 해결하는, 전달자
피(Blood)	육적인 삶, 언약, 살인자, 신성 모독하는, 불결한, 오염, 깨끗한, 증인, 목격자, 죄
작은 배(Boat)	지지하다, 생명, 사람, 오락, 여가, 개인 사역
놋쇠(Brass)	신이나 사람의 말, 판단, 위선, 자기 합리화
형부(Brother-in-law)	편파 혹은 적, 동료 사역자, 문제, 친족 관계, 협동자, 스스로, 자기 아내의 남동생
어둠(Clouds)	변화 혹은 엄호, 고생, 고통, 협박하는, 걱정스러운 생각들, 혼동, 숨겨진
춤(Dancing)	예배, 우상 숭배, 예언하는, 기쁨, 연애, 유혹, 외설
다이아몬드(Diamond)	견고한, 냉정한, 무자비한, 변하지 않는, 영원한, 성

	령의 선물, 무언가 값비싸거나 소중한
문(Door)	들어감, 그리스도, 기회, 길, 큰길, 입
꿈을 꾸는 것(Dreaming)	말씀 안에 있는 메시지, 열망, 꿈
물에 빠지는 것(Drowning)	극복하다, 자기연민, 우울, 비탄, 슬픔, 유혹, 과도한 빚
마약(Drugs)	영향, 주문, 마술, 마법, 통제, 율법주의, 약, 치료
지진(Earthquake)	격변, 위기로 인한 변화, 후회, 시련; 하나님의 심판, 재난, 외상, 충격
먹기(Eating)	참가하다, 관여하다, 경험, 열심히 일하는, 언약, 협정, 우정, 협력, 열심히 하다, 소비하다
승강기(Elevator)	변화하는 지위, 영적 세계로 들어가는, 숭고한, 강등된
눈(Eyes)	욕구, 탐욕, 열정, 욕망, 폭로, 이해
추락(Falling)	지지를 못 받는, 지지를 상실함(재정적 · 도덕적 · 공적인)
아버지(Father)	권위, 하나님, 작가, 창시자, 근원, 상속, 전통, 관습, 사탄, 친아버지
시아버지(Father-in-law)	법, 법률에 근거한 권위 있는 관계, 율법주의, 문제가 되는 권위 있는 관계, 자기 시아버지
발(Feet)	마음, 걷기, 길, 생각(묵상), 불법, 완고한(부동의), 반항(걷어차며), 죄
손가락(Finger)	감정, 민감한, 통찰, 신념, 일, 비난(손가락으로 가리키면서), 교훈
꽃(Flowers)	영광, 일시적인, 선물, 연애
외국인(Foreigner)	이방인, 하나님이 아닌, 육체의, 악마의

숲(Forest)	예감, 두려운 장소, 자주 혼동이나 방향이 없다고 생각하다
친구(Friend)	자아, 성격이나 어떤 친구의 환경으로 인해 무언가 자신에 대한 것이 들추어내지다; 때때로 어떤 친구가 또 다른(같은 이름, 머릿글자, 머리색을 찾음) 것을 나타냄; 때때로 실제 친구를 나타내다
금(Gold)	영광 혹은 지혜, 진실, 무언가 소중한, 공의, 하나님의 영광, 자기 칭찬
손주(Grandchild)	상속인, 스스로, 대대로 내려오는 축복 혹은 불법, 사람의 정신적 유산, 실제 손주
조부모(Grandparent)	과거, 정신적 상속(좋든 싫든), 진짜 조부모
포도(Grapes)	열매, 약속의 영, 영의 열매, 분노의 약속
머리카락(Hair)	덮개, 언약, 인류, 신조, 전통, 오랜 죄성
손(Hands)	노동, 행동(좋은 것이든 나쁜 것이든), 노동, 봉사, 우상 숭배, 영적 전쟁
다리미(Iron)	힘, 강력한, 굴복할 수 없는, 요새, 완고한
입맞춤(Kiss)	협정, 언약, 유혹, 배반, 약속 파기자, 사기, 유혹, 친구
무릎(Knees)	복종, 따르다, 예배, 봉사, 완고한, 굽히지 않는
납(Lead)	부담, 사악함, 죄, 짐, 판단, 바보, 어리석음
장인(Mechanic)	성직자, 그리스도, 선지자, 목사, 상담가
거울(Mirror)	하나님의 말씀 혹은 사람의 마음, 자기 자신을 고찰하다, 뒤돌아보다, 기억, 과거, 허영
유산(Miscarriage)	유산하다, 실패, 손실, 후회, 불공정한 판단
돈(Money)	힘, 지급, 부, 천부적 재능과 솜씨, 영적 부유함, 권

	력, 권위, 인간의 힘을 믿는, 힘, 탐욕스러운
어머니(Mother)	근원, 교회, 사랑, 친절함, 정신적 혹은 친어머니
시어머니(Mother-in-law)	율법주의, 간섭자, 걱정, 남편의 어머니
벌거숭이(Nudity)	노출된 혹은 육적인, 자기 합리화, 독선, 불순한, 수줍어하는, 완고한, 유혹, 욕망, 성적 자제, 자기 과시, 진실, 정직한, 자연
기름(Oil)	기름부음; 깨끗한 기름은 성령의 기름부음과 치료; 더러운 기름은 불결한 영, 증오, 욕구, 유혹, 사기, 능란한, 위험한 실수
펜·연필(Pen·Pencil)	혀, 잊을 수 없는 말, 언약, 협정, 계약, 맹세, 출판되다, 기록하다, 불변의, 기억에 남는, 잡담
임신(Pregnancy)	과정 중에, 죄 혹은 공의가 진행 중에, 소원, 예상, 기대
호박(Pumpkin)	마법, 사기, 덫, 마녀, 속임수
비(Rain)	삶, 부활, 성령, 하나님의 말씀, 우울, 고난, 실망
은(Silver)	하나님의 지식(구제), 세상의 지혜(우상 숭배)
자매(Sister)	정신적 언니, 교회, 자아, 친언니
봄(Spring)	새로운 시작, 부활, 생기 넘치는 출발, 소생, 재생, 구원, 참신한
돌(Stone)	증거, 말, 증언, 사람, 교훈, 비난, 박해
폭풍(Storm)	소동, 변화, 영적 전쟁, 판단, 갑작스러운 재난 혹은 파멸, 고난, 박해, 반대, 마법
여름(Summer)	수확, 기회, 고난, 고통의 맛
탁자(Table)	친교, 협정, 언약, 회의, 준비; 비밀리의, 거짓 거래, 숨은 의도, 악의적인 의도

깡통(Tin)	부스러기, 쓰레기, 가치 없는, 값싼, 깨끗이 하기
기차(Train)	연속적인, 끊이지 않는 일, 이어진, 빠른, 교회
나무(Tree)	사람 혹은 덮개, 지도자, 은신처, 잘못된 예배, 악영향; 참나무는 강한 은신처; 버드나무는 슬픔; 상록수는 영생
터널(Tunnel)	통행, 변천, 빠져나갈 방법, 곤란한 경험, 시련, 희망
화물자동차(Van)	가족(혈육 혹은 교회 가족), 가정 사역, 동료 의식
물(Water)	영, 하나님의 말씀(사람의 영 혹은 적의 영), 불안정한
바람(Wind)	영 혹은 신조, 성령, 악마의 강한 반대, 쓸모없는 말
창문(Window)	드러내다, 진실, 예언, 계시, 이해, 축복의 거리, 드러난, 도둑이 들어갈 수 있도록 한 부주의한 구멍
포도주(주류)Wine(Strong drink)	취하게 하는 것, 강한 감정(기쁨, 화냄, 미움, 슬픔과 같은), 하나님의 영 혹은 사람의 영, 계시, 진실, 마법, 미혹, 조롱하는 사람
겨울(Winter)	불모의, 죽음, 잠복의, 기다리는, 차가운, 불친절한
나무(Wood)	생명, 일시적인, 살, 인류, 육감적인 추론, 욕망, 영원한, 정신적인 건축 자료
씨름(Wrestling)	분투하는, 구출, 저항, 버팀, 고난, 시련, 제어하려고 하는 심령

※ 꿈의 상징 해석에 대한 이 목록은 다음과 같은 자료로 만들어졌다. 케빈 코너(Kevin J. Conner), *Interpreting the Symbols and Types* (Bible Temple Publishing, 1992): 제인 해몬(Jane Hamon), *Dreams and Visions* (Regal Books, 2000); 이라 밀리갼(Ira Milligan), 「꿈의 환상」 *Understanding the Dreams You Dream* (Treasure House, 1997); Ed F. Vallowe, *Keys to Scripture Numerics* (Ed F. Vallowe Evangelistic Association, 1966). 이 목록에 대한 상징에 대한 해석이나 성경적 자료, 또는 완전한 목록을 더 알고 싶을 경우, 이 자료들을 참조하기 바란다.

추천도서

Bickle, Mike. *Growing in the Prophetic*. Lake Mary, FL: Charisma House, 1996.

Cooke, Graham. *Developing Your Prophetic Gifting*. Grand Rapids, MI: Chosen Books, 2003.

Conner, Kevin J. *Interpreting the Symbols and Types*. Portland, OR: City Christian Publishing, 1999.

Deere, Jack. *Surprised by the Voice of God*, '놀라운 하나님의 음성'. 엄성옥 역. 서울: 은성출판사, 2001.

Hamon, Bill. *Prophets and Personal Prophecy*. Shippensburg, PA: Destiny Image Publishers, 1987.

Hamon, Jane. *Dreams and Visions*. Ventura, CA: Regal Books, 2000.

Jacobs, Cindy. *The Voice of God*. '내 말을 네 입에 두었노라'. 고세중 역. 서울: 조이출판사, 1996.

Joyner, Rick. *The Prophetic Ministry*. Wilkesboro, NC: MornigsStar Publications, 2003.

Lord, Peter. *Hearing God*. Grand Rapids, MI: Baker Books, 1988.

Milligan, Ira. *Every Dreamer's Handbook: A Simple Guide to Understanding Your Dreams*. Shippensburg, PA: Treasure House, 2000.

Milligan, Ira. *Understanding the Dreams You Dream*. Shippernsburg, PA: Treasure House, 1997.

Vallowe, Ed F. *Biblical Mathematics: Keys to Scripture Numerics*. Columbia, SC: Olive Press, 1995.

Yocum, Bruce. *Prophecy*. Ann Arbor, MI: Servant Publications, 1976.

미주

1장
1. 이 이야기에 대해 보다 자세히 알고 싶으면, Chuck D. Pierce and Rebecca Wagner Sytsema, *Possessing Your Inheritance*, '당신의 유업을 취하라'(Ventura, CA: Renew Books, 1999) 참조.

2장
1. J. D. Douglas, ed., 새성경사전(*New Bible Dictionary*), Wheaton, IL: Tyndale House Publishers, 1982, n.p.
2. Dutch Sheets, *Watchman Prayer* (Ventura, CA: Gospel Light Publications, 2000, p.29 (『파수꾼 기도』, 더치 쉬츠 저, 김유태 역, 베다니출판사).
3. Graham Cooke, *Developing Your Prophetic Gifting*, '예언적 은사의 개발' (Kent, England: Sovereign World Ltd., 1994), p.119.
4. Ibid., p.30~31.
5. Ibid., p.39~40.

3장
1. Cindy Jacobs, *The Voice of God* (Ventura, CA: Regal books, 1995, p.76.) (『내 말을 네 입에 두었노라』, 신디 제이콥스 저, 고세중 역, 조이출판사).
2. Ibid., p.181.
3. Bruce Yocum, *Prophecy* (Ann Arbor, MI: Servant Publications, 1976), p.119.
4. Cindy Jacobs, *The Voice of God,* p.83~84.

4장

1. Marilyn Willett Heavilin, *I'm Listening, Lord* (Nashville, TN: Thomas Nelson Publishers, 1993), p.33~37.
2. Ibid., p.49~51.
3. Ibid., p.56~57.
4. Chuck D. Pierce and Rebecca Wagner Sytsema, *Possessing Your Inheritance*, '당신의 유업을 취하라' (Ventura, CA: Renew Books, 1999), p.100~101.

5장

1. Ira Milligan, *Understanding the Dreams You Dream* (Shippensburg, PA: Treasure House, 1997), p.3.
2. Fiona Starr and Jonny Zucker, *Dream Themes: A Guide to Understanding Your Dreams* (China: Barnes and Noble Books, 2001), p.10.
3. "Praying Around the World", *The Prayer Track News*, vol. 8, no. 2 (April/June 1999), p.8.
4. Jane Hamon, *Dreams and Visions* (Ventura, CA: Regal Books, 2000), p.22~24.
5. Chuck D. Pierce and Rebecca Sytsema, *The Future War of the Church* (Ventura, CA: Renew Books, 2001), p.28~35.
6. Milligan, *Understanding the Dreams You Dream*, p.9~10.
7. Hamon, *Dreams and Visions*, p.37.
8. Ibid., p.60~63.

6장

1. Chuck D. Pierce and Rebecca Wagner Sytsema, *The Future War of the Church* (Ventura, CA: Renew Books, 2001), p.22~23.
2. Ira Milligan을 포함해 상징에 대한 해석의 몇 가지 뛰어난 자료로, *Understanding the Dreams You Dream* (Shippensburg, PA: Treasuer House, 1997) and *Every Dreamer's Handbook* (Shippensburg, PA: Treasuer House, 2000); Jane Hamon,

Dreams and Visions (Ventura, CA: Regal Books, 2000); Kevin J. Conner, *Interpreting the Symbols and Types* (Portland, OR: City Christian Publishing, 1999); and ED F. Vallowe, *Biblical Mathematics: Keys to Scripture Numerics* (Columbia, SC: Olive Press, 1995).

3. Ira Milligan, *Understanding the Dreams You Dream*, p.31~33.
4. Rabbi Shmuel Boteach, *Dreams* (Brooklyn, NY: Bash Publications, 1991), p.17.
5. 영성을 정화시키는 보다 나은 통찰력을 원한다면, Chuck D. Pierce and Rebecca Wagner Sytsema, *Protecting Your Home from Spiritual Darkness* (Ventura, CA: Regal Books, 2004)를 적극 추천한다.

Tabernacle of David + Scott Brenner Live Albums

Light of the World 세상의 빛으로 오신 주 | Hosanna 호산나 | Hide Me in the Shelter 주날개 그늘 아래 | Glory to the Lamb 주님께 영광 | Freedom 자유

This Is My Destiny 나의 부르심 | Shekinah Glory 쉐카이나 영광 | Unending Love 끝없는 사랑 | Love So Amazing 그 놀라운 사랑 | Kingdom of God 하나님 나라

Scott Brenner Music

The Divine Whisper | Draw Near to Me | Paradise Is Waiting | King of Glory

성회 TAPE/DVD 세트

신디제이콥스목사 초청 | 신디제이콥스목사 체안목사 초청 | 체안목사, 샤론스톤목사 수용쩌 형제 초청 | 라이스브룩스목사 스캇브레너목사 초청 | 신디제이콥스목사, 체안목사 론사카목사, M.제이콥스목사 스캇브레너목사 초청

김혜자 목사 설교 테잎 세트

NEW 영적전쟁 | 다윗장막의 예배회복 | 중보기도 1 | 그리스도의 신부

문의 : 쉐키나미디어 Shekinah 서울시 강남구 대치3동 982-10 영동제일교회 02)3452-0442   http://www.tofdavid.com 다윗의 장막 쇼핑몰